Gertrud Benker
Eule und Mensch

Gertrud Benker

Eule und Mensch

Die Nachtgeister und ihre Symbolik

mit 52 Farb- und über
100 Schwarzweißabbildungen

Eulen Verlag

Umschlagbild: Eule auf einer
Tischplatte, Maxlrain/Obb., 16. Jh.
Frontispiz (S. 2): Waldohreule.

Zweite Auflage 1995

Umschlaggestaltung: Zembsch' Werkstatt, München
Satz und Schwarzweißabbildungen: F. X. Stückle, Ettenheim
Farbabbildungen: Rete Repro, Freiburg i. Brsg.
Druck und Einband: Freiburger Graphische Betriebe
ISBN 3-89102-312-X

Inhalt

Waldkauz

Kopf der Waldohreule

Kopf des Steinkauzes

Der Eulenkörper erscheint durch das dichte Federkleid massiger als er ist. Der Kopf mit den starr nach vorne gerichteten Augen ist sehr beweglich und kann um 180° gedreht werden. Neben dem guten Sehvermögen bewirkt das ausgezeichnete Gehör eine optimale Orientierung und erfolgreiche Jagd in der Nacht. Die ungleich hoch am Kopf angesetzten Ohren ermöglichen ein räumliches Hören; der Gesichtsschleier und die Federbüschel haben ebenfalls geräuschleitende Funktion.

Eulen in der Natur – die Natur der Eulen

Sumpfohreule

Immer schon fühlte sich der Mensch von Eulenvögeln fasziniert. Sein Verhältnis zu ihnen war lange Zeit von religiösen und abergläubischen Vorstellungen bestimmt. Der lautlose Flug durch die Nacht, die unheimlichen Laute, die sie von sich geben, das „menschliche" Gesicht und ihr intensiver Blick versetzten die Menschen häufig in Angst und Schrecken, führten zu Deutungen und Verfolgungen der Eulen. Einige Arten wurden in ihrem Bestand dezimiert und sind zum Teil heute noch gefährdet und von der Ausrottung bedroht.

Es ist ein spannendes Abenteuer, den Verflechtungen von Tier und Mensch, von der Biologie des Vogels zu den verschiedenen Bildern, die sich der Mensch von ihm macht, nachzugehen, Erklärungen dafür zu finden, Sinnzusammenhänge zu erforschen.

Wenn wir das Verhalten der Menschen den Eulen gegenüber verstehen wollen, müssen wir uns mit deren besonderen Merkmalen und Verhaltensweisen und auch mit ihrer Stellung innerhalb der Vogelwelt vertraut machen. Manche Probleme der Beziehung Mensch – Eule beruhen auf willkürlicher Ausdeutung oder Mißdeutung der natürlichen Beschaffenheit und Lebensweise.

Aussehen, Körperbau

Steinkauz

Die Eulen (Strigidae) unterscheiden sich deutlich von anderen Vogelgruppen; sie gehören zu den nachtaktiven, fleischfressenden Vögeln. Je nach Art geben sie eine Reihe von typischen Lauten von sich, die einem Stöhnen, Klagen, Kreischen, Kläffen, Lachen, Bellen, Pfeifen oder Schnarchen ähneln. Eulen haben einen im Verhältnis zum Körper runden, dicken Kopf mit einem flachen Gesicht. Ihr Körper erscheint durch das dichte Federkleid massiger als er ist. Sie wirken ruhig, statisch; doch ist der Kopf mit seinen starr und durchdringend nach vorne gerichteten Augen sehr beweglich. Wenn Eulen den Blickwinkel ändern wollen, müssen sie den Kopf waagrecht oder senkrecht drehen. Das horizontale Wendevermögen reicht bis zu 270 Grad; das vertikale Kopfdrehvermögen beträgt etwa 180 Grad.

Kräftig ist der hakenförmige Schnabel, der Rachen erstaunlich dehnungsfähig. Die Füße sind bei den meisten Arten bis zu den Zehen befie-

Waldkauzfang, befiedert, mit starken Krallen versehen.

Äußerste Schwungfeder, die zur Verminderung der Fluggeräusche eine feine Zähnelung der Außenfahne aufweist.

dert, diese mit starken Krallen versehen. Eulen haben Wendezehen, d. h. die äußere Zehe kann nach hinten gewendet werden, so daß also zwei Greifer von rückwärts zufassen können. Im Gegensatz zu den Taggreifvögeln zeichnen sich Eulen durch ein sehr weiches Gefieder aus, das ihnen erlaubt, lautlos zu fliegen. Sie sind fast ausschließlich in der Dämmerung und nachts aktiv, wobei sie sich vornehmlich akustisch und taktil, also durch Tastsinn orientieren. Die kleinen Federn, die ihre Augen umgeben (Schleier), haben geräuschleitende Funktion. Sie dienen zum exakten Orten der Schallquelle in der Dunkelheit. Die großen Ohröffnungen liegen nicht symmetrisch, sie sind ungleich hoch am Kopf angesetzt und geformt. Dies bewirkt, daß die von den Beutetieren am Boden ausgehenden Schallwellen mit winzigen zeitlichen Unterschieden in den Gehörgängen eintreffen, also ein dreidimensionales Hören ermöglichen. Federohren markieren bei manchen Arten die Kontur des Kopfes und dienen vermutlich der Verständigung. „Die Ohrenstellung drückt im innerartlichen Sozialkontakt gespannte Aufmerksamkeit und aggressives Drohen (Ohren meist anliegend), Ruhe und Entspannung (Ohren wenig gehoben), Angst und Unsicherheit (Ohren wie in Tarnstellung gehoben) und auch sexuelle Erregung (Ohren steil aufgerichtet bei Waldohreule und Uhu) aus". (Scherzinger 1986, S. 39 f.)
Die Handschwingen sind gewölbt und an den Außenfahnen fein gezähnelt, was zur Lautlosigkeit des Fluges beiträgt. Dazu kommt ein ausgezeichneter Gesichtssinn, der nicht auf die Nähe, sondern vornehmlich in die Tiefe gerichtet ist und auch bei schwächstem Licht eine Orientierung ermöglicht.

Ausgebreitete Schwungfedern einer Waldohreule, rechter Flügel.

Nahrung

Als Nahrung werden Vögel und Kleinsäuger, vor allem Mäuse und Ratten, sowie Eidechsen, Frösche und Insekten aufgenommen. Unverdauliche Teile der Beute (z. B. Knochen, Haare) werden als „Gewölle" wieder ausgewürgt. Eulen haben eine hervorragende Tarnfärbung und sind daher, wenn sie tagsüber in Felsnischen oder auf Bäumen vor sich hindösen, nur schwer zu entdecken.
Der Bestand mancher Eulen ist großen Schwankungen unterworfen, was mit dem Angebot an Nahrung zusammenhängt. So haben Sumpfohreulen in guten Mäusejahren die doppelte Brutzahl (Kos S. 119), und auch von Schneeulen wird berichtet, daß sie in reichen Lemmingjahren acht bis neun Junge großziehen (Berg S. 51). Der warme Winter 1989 bedingte ein starkes Mäusejahr, in dem die Schleiereulen z. B. bis zu acht Junge durchbrachten (vgl. Wüst S. 775).

Horst einer Schleiereule mit sieben Eiern.

Schleiereule auf den Jungen.

Gewölle einer Schleiereule: unverdauliche Teile der Beute wurden ausgewürgt.

Junge Schleiereule mit Maus.

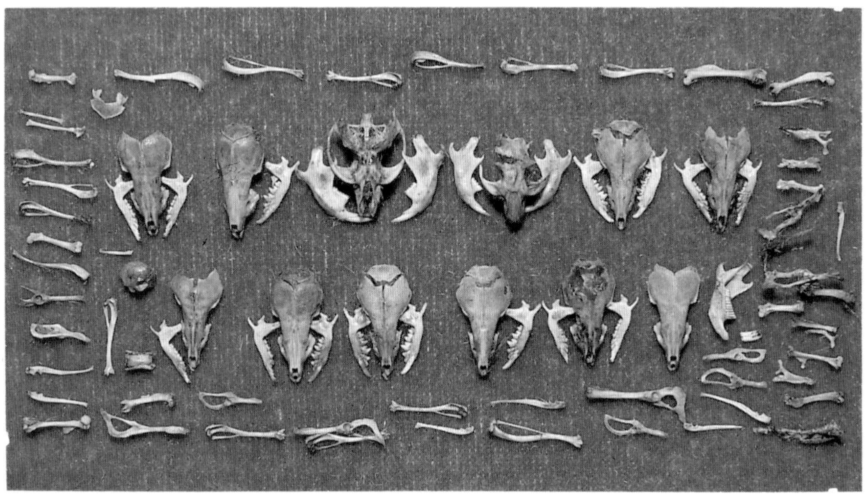

Inhalt eines Gewölles: Knochen, Haare und Federn.

Fliegende Eule mit Beute im Schnabel.

Eulen-Arten

Es gibt 134 Eulenarten, die zu 24 Gattungen zusammengefaßt werden. Die kleinste Eule ist der Sperlingskauz (Gewicht durchschnittlich 73 Gramm), der kaum die Größe eines Stars erreicht, die größte ist der Uhu, der sich mit dem Steinadler messen kann. Generell wird eine Großunterteilung in zwei Gruppen vorgenommen, in Eulen und Käuze. Während Eulen eher von schlankem Körperbau sind und Federbüschel an den Ohren haben, sind die Käuze mehr von gedrungener Gestalt mit dickem, rundlichem Kopf ohne diese Ohrbüschel. Eulen gehen meistens in offenem, weitgehend hindernisfreiem Gelände auf Jagd (Wiesen, Felder),

wobei ihnen die spitze Flügelform zustatten kommt. Käuze jagen in hindernisreichem Gelände (Wald); sie haben eher rundliche Flügel, die sich zum schnellen Wenden besser eignen. Eine Ausnahme macht bei uns der Steinkauz, der auch mehr in offener Flur jagt, da er im Wald dem größeren Waldkauz unterlegen ist.
Hier sollen nur die wichtigsten Eulenvögel des Bereiches Mitteleuropa kurz vorgestellt werden: Uhu, Wald- und Sumpfohreule, Wald- und Steinkauz, Schleiereule; auch Rauhfußkauz, Habichtskauz und Sperlingskauz sind in manchen Regionen gut vertreten.
Der *Uhu* (Bubo bubo) ist der imponierendste der Eulenvögel mit einer Länge von ca. 70 cm, einer Flügelspannweite von 160 cm und einem Gewicht von 2 – 3 kg. Man nennt ihn „König der Nacht". Auffallend sind die langen Federbüschel am Kopf, die er bei Erregung aufrichtet, die im Flug aber angelegt sind. Die anderen Vögel fürchten und befeinden den Uhu. „Daß es nur der Haß der Tagraubvögel gegen den Nachtvogel wäre, ist nicht anzunehmen, denn auch die Ohreule stößt nachts auf den Uhu. Die große unheimliche Erscheinung muß es sein, die einen Reiz ausübt, auch unser Auge verschließt sich nicht dem überraschenden Eindruck der großen, feurigen Augen in dem abenteuerlichen Kopf und des eigenartig schönen Gefieders ..." (Kleinschmidt S. 29)
Der Uhu lebt in waldigen und felsigen Gebirgen, auch im Jurakalkland, jagt aber meist im offenen Gelände. Er ist nicht gesellig und liebt die Ruhe. Sein (bisher bewiesenes) Höchstalter ist 68 Jahre.
Der zweisilbige dumpfe Ruf des Vogels „hu-uuh" durchdringt die Nacht. Im Februar/März ist seine Balzzeit. Zwei bis vier weiße, runde Eier werden ungefähr fünf Wochen lang bebrütet, dann schlüpfen die mit weißen Dunen bedeckten Nestlinge, die mit neun Wochen flugfähig sind. Der Uhu legt zur Zeit der Aufzucht einen größeren Nahrungsvorrat in seinem Nistplatz an.
Das verkleinerte Ebenbild des Uhus ist die *Waldohreule* (Asio otus), die in Europa noch häufig vorkommt. Sie ist an Waldrändern und in Parks anzutreffen, wo sie tagsüber – an den Baumstamm gedrückt – sitzt. Ihre aufrechte, schlank wirkende Gestalt ist so kaum zu bemerken. Die Waldohreule brütet häufig in alten Krähen- oder Elsternhorsten; überhaupt bedienen sich die Eulen gern fremder Horste, wenn sie nicht auf dem Boden oder dem blanken Fels nisten. Die Eltern haben in Horstnähe ihren Schlafbaum. Im Herbst und Winter unternehmen die Waldohreulen große Wanderungen und finden sich in Gruppen auf Schlafbäumen zusammen. Im Frühjahr lösen sich diese „Gesellschaften" wieder auf.
Vor allem in den Tiefebenen Norddeutschlands, in Mooren, feuchten Wiesen und schilfbewachsenen Seengebieten hält sich die früher häufig vorkommende *Sumpfohreule* (Asio flammeus) auf. Die Flügel sind länger, die Federbüschel kleiner als bei der Waldohreule. Die Sumpfohreule sitzt viel am Boden und brütet auch dort. Sie ist auch tagsüber aktiv. Der

Körper wirkt schlank, der Kopf klein und rund. Im Winter zieht sie nach Südeuropa.
Weniger scheu beträgt sich die *Schleiereule* (Tyto alba), die weltweit verbreitet ist. Sie haust in Kirchtürmen, Scheunen, ruhigen Dachböden und Ruinen. Sie ist auf offene Feld- und Wiesenlandschaften angewiesen. An ihrem herzförmigen Gesichtsschleier ist sie gut zu erkennen. Sie hat dunkle Augen, ein seidigweiches Gefieder und lange Flügel. Nachts gibt sie schnarchende Laute von sich.
Auch der *Waldkauz* (Strix aluco) ist wie die Schleiereule sehr anpassungsfähig und ein Kulturfolger, d.h. er ist nicht nur in Mischwäldern zu finden, sondern auch in der Nähe menschlicher Wohnungen, in städtischen Parks, in Friedhöfen. Er ist der am häufigsten vorkommende heimische Eulenvogel. Seine Gestalt wirkt rundlicher, gedrungener, als die der meisten anderen Eulenarten. Er lebt gern in Höhlungen, wenn er nicht gerade Nebengebäude wie Taubenhäuser, Türme oder Dachluken findet. Er ist dämmerungs- und nachtaktiv, erbeutet vorwiegend Mäuse, aber auch Frösche, Regenwürmer, Insekten und Singvögel.
Wie er ist auch der wesentlich kleinere *Steinkauz* (Athene noctua, volkstümlich „Wichtel“ genannt), der ein Gewicht von höchstens 200 Gramm erreicht, ein Standvogel, der die Nähe des Menschen nicht scheut. Er liebt offene Landschaften, vor allem Obstgärten und Kopfweiden. In mediterranen Karstlandschaften und ausgetrockneten Flußtälern ist er stark verbreitet (vgl. Schöne-Scherzinger). In Bayern gab es einen massiven Bestandseinbruch, so daß nur noch Restbestände erhalten sind.
Durch seine ruckartigen Bewegungen (Knicksen) vermittelt er einen lustigen, koboldhaften Eindruck. Im Frühjahr schallt weithin sein in Aufregung ausgestoßenes „Kiwitt“, in dem der kranke Mensch früher ein „Komm mit“ zu verstehen glaubte. Der Ruf als Totenvogel haftet Wald- und Steinkauz an. Diese Käuzchen kommen ans Fenster der Menschen, vom Licht angezogen, wohl um die dort versammelten Insekten zu jagen.
Der *Sperlingskauz* (Glaucidium passerinum) lebt bevorzugt in den Nadel- und Mischwäldern höherer Gebirge, wo er meist auf Waldlichtungen jagt. Der etwa starengroße Vogel, der einen kleinen, flachen Kopf besitzt und ein braunes Gefieder mit weißen Tupfen trägt, brütet oft in den verlassenen Höhlen von Spechten.
Dies tut ebenfalls der *Rauhfußkauz* (Aegolius funerus), ein vergleichsweise kleiner Vogel, der sich bevorzugt bergige Gebiete mit Fichtenbestand als Lebensraum auswählt, um dort im Wald zu jagen.

Uhu (Bubo bubo)
Aussehen: deutlich größer als Bussard, rostbraun mit dunklen Streifen und Bändern, Federohren, orange Augen.
Lebensraum: vorwiegend in Gebirgen mit Felswänden, jagt gern in reich strukturiertem Gelände, brütet vorwiegend in Felswänden.

Waldohreule (Asio otus)
Aussehen: etwa krähengroß und sehr schlank, dunkelbraune Oberseite, rostgelblich gefleckt mit dunklen Streifen und Bändern, lange Federohren, orange Augen.
Lebensraum: vorwiegend an Waldrändern, jagt meist in offenem Gelände, brütet in fremden Baum-Horsten.

Sumpfohreule (Asio flammeus)
Aussehen: ähnlich Waldohreule, jedoch heller und mit sehr kleinen Federohren, gelbe Augen.
Lebensraum: Tiefland mit niedriger Vegetation, brütet in flacher Bodenmulde.

Schleiereule (Tyto alba)
Aussehen: größer als Krähe, keine Federohren, herzförmiger heller Gesichtsschleier, schwarze kleine Augen, helle Unterseite und gelbbraune Oberseite.
Lebensraum: vorwiegend in waldarmem Tiefland, jagt gern am Rand von Siedlungen, brütet in Scheunen, Kirchtürmen oder auch in Felshöhlen.

Waldkauz (Strix aluco)
Aussehen: kleiner als Bussard, gedrungene Gestalt, keine Federohren, dunkle Augen, braune bis graue Färbung mit kräftigen dunklen Längsstreifen.
Lebensraum: überall in reich strukturierten Landschaften außer in baumarmen Küstengebieten, jagt gern zwischen Bäumen, brütet meist in alten Baumhöhlen, aber auch in Mauer- und Felslöchern.

Steinkauz (Athene noctua)
Aussehen: kleiner als Taube, niedrige Stirn und flacher Oberkopf, dunkelbraune Oberseite mit weißen Flecken, helle Unterseite mit breiten dunklen Streifen, große gelbe Augen.
Lebensraum: vorwiegend in waldarmem Tiefland, jagt in offenem Gelände, brütet meist in Höhlen von Einzelbäumen (Kopfweiden!), aber auch in Gebäudenischen.

Sperlingskauz (Glaucidium passerinum)
Aussehen: etwa starengroß, flacher kleiner Kopf, Oberseite braun mit weißen Tupfen, Unterseite hell mit schmalen dunklen Flecken, die im Sitzen eine Längsstreifung ergeben, gelbe Augen.
Lebensraum: Nadel- oder Mischwälder der höheren Gebirge, jagt gern auf Waldlichtungen, brütet in alten Spechthöhlen.

Rauhfußkauz (Aegolius funerus)
Aussehen: kleiner als Taube, aufrechte Haltung, großer runder Kopf, Oberseite graubraun mit weißen Flecken, Unterseite weiß mit schwachen Längsstreifen, kurze Füße, gelbe Augen mit dunklen Augenbrauen.
Lebensraum: bergige Gebiete, wo Fichten natürlicherweise vorkommen, jagt im Wald, brütet meist in alten Schwarzspechthöhlen in reich strukturiertem Nadelwald mit Altbaumbestand.

Jagd – Bedrohung – Schutz

„Hassen" und Vogelfang

Eulen sind Feinde der meisten übrigen Vögel. Wenn diese Vögel eine Eule am Tag ausmachen, fallen sie erregt und lärmend über sie her und stoßen auf sie nieder, ohne sie in der Regel ganz zu berühren. Es beteiligen sich kleine Singvögel ebenso wie große Taggreifvögel. Dieses Verhalten nennt man „hassen" oder „spektakeln". Möglicherweise übt die maskenartige Gesichtsprägung eine Schreck erregende Signalwirkung auf die anderen Vögel aus (vgl. Scherzinger 1986). Der mächtige Uhu gilt den großen Taggreifvögeln als Futterkonkurrent. In den kleinen Waldvögeln ist die Angst vor ihm instinktiv verankert, vor dem nächtlichen Räuber, der sie auf ihren Schlafzweigen überraschen und mühelos ihre Nester plündern kann, so „daß sie am Tag Lärm schlagen, wo sie ihn nur erblicken, Lärm, um sich selber Vertrauen einzuflößen, um Artgenossen zu Hilfe zu rufen, um wie verhext ihn anzusehen, den Gefürchteten, dem sie nachts schutzlos ausgeliefert sind, um ihn womöglich zu verjagen." (Berg S. 23)
Dieses „Hassen" der Vögel auf die Eulen hat der Mensch schon früh für seine Zwecke genutzt. Vogeljagd und Vogelfang gelten seit der Antike – vermutlich schon vor ihr – als besonderes Vergnügen, aber auch als Broterwerb. Dies trifft für manche Länder noch heute zu. Aus Darstellungen auf griechischen Vasen weiß man, daß die Vogeljagd im alten Griechenland hoch geschätzt war. Vögel gehörten auf die antike Speisekarte. Ein prächtiges Beispiel ist die Halsamphore aus Tarent (um 520 n. Chr.): Die schwarzen Figuren stellen rückseitig zwei Jäger dar, die mit Leimruten ihrem Ziel nachstreben, während auf der Vorderseite eine auf dem Pfahl sitzende Eule den Jägern die Vögel herbeilockt (vgl. Schauenburg S. 21, Tafel 22 und 23). Der Leimruten-Vogelfang erfolgte durch verlängerte, zusammensteckbare Stangen, die mit einer Leimmasse bestrichen waren. Mehrere schriftliche Quellen erzählen davon, daß soge-

Die maskenartigen Kontrastzeichnungen am Kopf der Eulen lösen bei vielen Vögeln Haßreaktionen aus.

Wie ein Kranz umringen die „hassenden“ Vögel die Eule. Schlußstein im Gewölbe der Sherborne Abbey/Dorset, 12. Jh.

„Hassen“ auf den Uhu, Miniatur aus dem „Falkenbuch“ Kaiser Friedrich II. (1194 – 1248).

nannte Raubvögel den Vogelfängern als Hilfe dienten. Sie sollten den Singvögeln Schrecken einjagen und sie zu einem Verhalten bestimmen, das ihren Fang erleichterte (Lindner S. 25 ff., S. 96). Den Greifvögeln – es waren meist Falken oder Uhus – wurde eine flache, kastenförmige Sitzgelegenheit geboten, ein sedile = Gitterkasten (nicht Käfig!) oder ein Baumstumpf, an dem sie befestigt wurden. Die späte Antike war eine Blütezeit des Vogelfangs mit Leimruten.

Das Mittelalter kennt den Vogelfang als Sport der Adeligen, als Herrenjagd. Man pflegte vor allem die Beizjagd, d.h. die Jagd mit einem abgerichteten Greifvogel. Diese Jagdart ging zu Beginn des 18. Jahrhunderts, als Pulver und Schrot eingeführt wurden, unter. Aus dem frühen Mittelalter wäre etwa der „am Vogelherd“ sitzende deutsche König, Heinrich der Vogler, zu nennen. Ein späterer deutscher Herrscher und Kaiser, Friedrich II., vertiefte sich auch theoretisch in das Verhalten der Vögel; sein Werk „De arte venandi cum avibus“ (Über die Kunst mit Vögeln zu jagen, 1. Hälfte 13. Jh.) wurde als die erste europäische Ornithologie bezeichnet. In Italien haben sich aus einer jahrhundertealten Tradition ver-

Vogelfang mit Leimruten war bis in die Neuzeit herein üblich; der Uhu diente als Lockvogel.
G. P. Olina, Rom 1622

Hüttenjagd mit Uhu als Lockvogel: Abschuß und Fang der Vögel von einer versteckten Hütte aus. C. G. Friderich 1876

schiedene Techniken, z. B. der Fang mit Netzen und Dohnen (Schlingen), bewahrt und werden zum Teil heute noch dort als Gewerbe betrieben. Wie das vor sich ging, lesen wir in H. W. Döbels „Jäger-Practica“, 1783: „Vom Schuhu oder Uhu. Dieselben fänget man mit Schleiffen, welche von Drat-Sayten oder Bindfaden gemachet werden. Die Schleiffen hänget man über oder neben den Horst. So nun der alte abflieget, und für die Jungen Fraß holen will, oder bringet etwas, so wird er sich leicht in der Schleiffe fangen. Auch noch über den Eyern kann man ihn mit dergleichen Schleiffen fangen.“ (122. Capitel)

Naturschützer sind heute darum bemüht, den großen ökologischen Schaden, der durch diese und andere Jagdmethoden angerichtet wird, nach Kräften zu verhindern.

Die Hüttenjagd wurde im 16. Jahrhundert üblich. Sie diente nicht nur dem Fang von Speise- und Singvögeln; man wollte auch das Überhandnehmen von Rabenkrähen, Elstern und Eichelhähern bekämpfen und die andere Tierwelt, vor allem das Niederwild, schützen. Konrad Geßner beschreibt in seiner Vogelkunde „De Avium Natura“ 1555 auch, wie man mit Eulen andere Vögel fängt: „Man fänget den Kautzen/ indem etwan einer vor ihm dantzet/ oder andere dergleichen Possen treiben/ darüber er sich vergaffet. Die Weiblein hat man lievber als die Männlein/ wie auch unter allen andern Raubvögeln ... Dieweil aber die Kautzen ungestalt sind/ und selten von andern Vögeln und Thieren gesehen werden/ verwunderen sich die Vögel über ihnen/ und begehren sie anzuschauen/ als ein neu ungewohnt ding. Weil nun die Menschen vermerckt haben/ daß andere Vögel umb dieselbe/ damit sie sie sehen möchten/ geflogen (kommen)/ haben sie eine solche List mit denselben Vögel zu fangen/ erdacht/ daß sie solche/ andern Vögeln damit herzu locken/ fürgestellt haben/ damit sie also mit Leim oder mit Garnen die Vögel fangen möch-

Angriff der Vögel auf den Uhu, Schrankschnitzerei, 16. Jh. Südtiroler Volkskundemuseum Dietenheim

Angeketteter Uhu,
von anderen Vögeln
angegriffen.
Die lateinische Umschrift besagt: „Ich dulde es, was soll ich tun? Ich kann die Überzahl nicht bezwingen. So lerne leiden, wenn du durch Nachgeben siegen willst.“
Georg Rollenhagen, 1611

Der auf einem Pfahl angekettete Kauz.
A. J. Rösel v. Rosenhof, dat. 1722
Staatliche Graphische Sammlung, München

J. Neumanns
Forst- und Jagdwissenschaftliche Büchersammlung.

Die
Hüttenjagd mit dem Uhu.
Von
Hüttenvogel.

Mit einer Tabelle zum Ansprechen der in Deutschland vorkommenden Tag-Raubvögel.

Versehen mit einem Titelbilde und vielen in den Text gedruckten Illustrationen.

Neudamm 1895.
Verlag
von
J. Neumann,
Verlagsbuchhandlung f. Landwirtschaft und Gartenbau, Forst- und Jagdwesen.

Preis 1 Mark,
geb. 1 Mk. 50 Pf.

Noch um 1900 erschienen Schriften mit genauen Anweisungen für die „Hüttenjagd mit dem Uhu“.

ten. Daher spricht aelianus, daß der Kautz denen Weibern/ so mit der schwartzen Kunst/ und mit Zauberei umgehen/ gleich seye ...“ (S. 333)

In der Regel wurden Hütten ortsfest in den Boden eingebaut. Sie sollten unauffällig, an von Menschen kaum besuchten Orten angelegt sein. Eine Beobachtungsluke und ein Schießloch waren an einem hochgelegenen Punkt der Hütte, also über dem Boden (evtl. im Dach), angebracht. Damit den Schützen die Sonne nicht blenden konnte, legte man das Schießloch zweckmäßigerweise auf der Nordseite an. Es gab allerdings auch bewegliche Hütten oder Zelte, die leicht aufgebaut werden konnten, ebenso aus Zweigen und Laub gebaute Unterkünfte. Bei C. G. Friderich (1876) sieht man die verschiedenen Arten von Hütten dargestellt. Aus dem Schießloch der linken Hütte kommt Feuer, das auf die großen Raubvögel gerichtet ist, während im Mittelgrund Käfige aufgestellt sind, die mit Netz oder Schlinge gefangene kleine Vögel aufnehmen sollen. Was nun den Reizvogel betrifft, so verwendete man hauptsächlich Uhus, auch die sehr widerstandsfähigen Waldkäuze und Schneeulen, die aber mehr auf Kleinvögel wirkten. Man hat auch, wo keine lebenden Reizvögel vorhanden waren, ausgestopfte Uhus angesetzt, deren Kopf und Füße mit Hilfe von Drähten oder Fäden etwas bewegt werden konnten und so einigermaßen natürlich wirkten.

Etwa 20 m von der Hütte entfernt befand sich der Pfosten (Reizpfahl, Jule), an dem der im Transportkäfig oder Korb gebrachte Eulenvogel befestigt wurde. Unweit von diesem war der „Fallbaum“ (auch Pfahl, Kracke, Krakelbaum genannt) aufgestellt. Es dauerte meist nicht lange, bis die Vögel den Reizvogel ausmachten, Lärm schlugen und sich drohend näherten, wobei die einzelnen Arten sich unterschiedlich verhielten bzw. verhalten, denn auch die Hüttenjagd ist noch nicht ganz ausgestorben.

Zeichnung einer unterirdischen Hütte aus der „Hüttenjagd mit dem Uhu“ von Hüttenvogel, Neudamm 1895

Krähen, Raben, Elstern und Eichelhäher sind die ersten, die auf den Uhu herabstoßen, ihn aber nicht berühren, sondern sich in der Nähe (auf dem Krakelbaum) niederlassen. Sie starten Scheinangriffe und drehen dann wieder ab. Schreiend kommen zahlreiche kleine Vögel an, umfliegen den Feind und reizen ihn durch Zupicken. Gefährlicher – oft lebensbedrohend – erweisen sich Adler und Habicht, auch der Wanderfalke. Sie stürzen sich schnell und heftig aus der Höhe herab. Der Uhu, der beim „Hassen“ der kleinen Vögel nur wenig reagiert, plustert sich zu einer Kugel auf, schlägt mit den Schwingen; bei Adlern springt er auch von der Jule, wirft sich erschreckt auf den Rücken und geht – die Fänge nach oben – in Kampfhaltung.

Jagdvögel in Gefangenschaft:
rechts Uhu mit Ratte in den Krallen,
links Falken und Kauz an der Kette.
Wenzel Hollar (1607 – 1677)
Staatliche Graphische Sammlung,
München

Satire auf das Versagen eines Jägers, der sich durch ein junges Mädchen ablenken läßt.
„Aufhütte", Bleistift- und Federzeichnung von Max Haider 1858
Staatliche Graphische Sammlung München

Den erfolglosen Jäger
trifft der Spott.
Hüttenjagd,
Münchner Scheibenbild 1863
Münchner Stadtmuseum

Gefährdung

Diese Art Hüttenjagd bestand auch, wie gesagt, in unserem Jahrhundert fort, als man allmählich zur Einsicht kam, daß die Tierwelt auszusterben drohte, wenn man weiterhin so vernichtenden Umgang mit ihr pflegt. Friderich ordnet in seiner Naturgeschichte der Vögel 1876 die Eulen den „Nachtraubvögeln" zu und schreibt über den Uhu: „Für die Wildhaber ist er ein schädlicher Raubvogel, denn er schleppt während der Brütezeit seinen Jungen eine unglaubliche Menge von nutzbarem Wildpret zu; daher werden seine Fänge mit einem guten Lösegeld bezahlt. Er wird zur hohen Jagd gerechnet." (S. 490)
Noch 1885/86 wurde der Uhu als „großer Schadvogel" bezeichnet und hundertweise getötet. Auch heute noch gibt es eine Dunkelziffer abgeschossener oder aus dem Nest geplünderter Vögel. Um 1900 war der Bestand in Deutschland auf 200 Paare geschrumpft, zu Beginn der 50er Jahre zählte man noch 51 Paare. In Norddeutschland konnte der Uhu um 1950 nicht mehr beobachtet werden.
Die *Gefahren* für die komplexe Natur und somit auch die Verlustursachen für die Eulenvögel sind heute andere als früher. Bei Vögeln, die das freie Gelände lieben, wie Waldohr- und Sumpfohreule (mit Einschränkung auch Wald- und Steinkauz), sind viele Verluste durch Verdrahtung, besonders durch Stromleitungen mit ihren Masten und Isolatoren, zu verzeichnen. Auch der Straßenverkehr fordert seine Opfer: Durch das Scheinwerferlicht geblendet, torkeln manche Nachtvögel vor den Kühler. Es gibt auch Fälle, wo Eulen in künstlichen Wasserbehältern ertrunken, in Kamine und Lichtschächte gefallen sind.

Die Jagd war lange Zeit ein Privileg des Adels. Häufig findet sich in Dekorationen von Jagdschlössern die Eule dargestellt.
Wandbemalung von J. P. Moretti im Hundekabinett des Jagdschlosses Amalienburg, Nymphenburg bei München
Bayer. Verwaltung der staatl. Schlösser, Gärten und Seen

Durch Mäusegift verendete Eule

Das Hauptübel aber ist die Expansion der Wohn-, Industrie- und Straßenflächen, wodurch die Lebensräume der Tiere mehr und mehr eingeengt werden (vgl. D'Oleire-Oltmann S. 65, Trommer S. 9). Die flurbereinigten Landschaften bieten Kleintieren – Nahrungsgrundlage der Greifvögel und Eulen – kaum mehr Unterschlupf. Groß ist auch die Gefahr durch Spritzmittel und industrielle Abfallprodukte sowie durch giftgeschädigte Mäuse und Ratten, die als Nahrung aufgenommen werden. Der Bestand an Eulen ist ein Indikator für die ökologische Situation der Umwelt. Hunderte von Vogelarten sind weltweit in unserem Jahrhundert ausgestorben, viele stehen oder standen kurz davor wie manche Eulen.

Schutz und Erhaltung

Natur- und Umweltschutz sind zwar heute populär, doch konnte trotz aller Regierungserklärungen dem engstirnigen Raubbau am Reservoir der Natur noch nicht genügend Einhalt geboten werden. Auch wenn man im Rahmen verschiedener Schutzbestimmungen der Arterhaltung und dem ökologischen Gleichgewicht Rechnung zu tragen versucht, sind durch Einwirkung von Pestiziden, z. B. Ratten- und Mäusevernichtungsmittel, Rückgangserscheinungen zu beobachten. „Alle Greifvögel sind in der Natur Glieder von Lebensgemeinschaften und spielen im natürlichen Geschehen eine gewisse Rolle als Regulatoren und Selektoren. Es ist nicht so, wie viele Menschen noch glauben, daß sie aus Mordgier töten oder bestimmte Tierarten zu tilgen versuchen – das bringt nur der Mensch fertig. Sie fangen nur dann ein Beutetier, wenn sie Hunger verspüren" (Trommer S. 13). Der törichte Standpunkt vieler Menschen, die alle Lebewesen nur nach ihrem vordergründigen Nutzen einschätzen, hat sich auch sachlich als unhaltbar erwiesen. Früher sah man in Greifvögeln und Eulen die Feinde des Jagdwildes (Rebhühner, Hasen usw.), heute weiß man, daß sie es den Menschen abnehmen, Mäuse, Wühlmäuse, Ratten, also übermäßig fruchtbare Tiere zu vertilgen, daß sie kranke Tiere entfernen, also das Gleichgewicht im Naturhaushalt regeln helfen. Sie tun das nicht in grausamer Weise: „Wer sie öfter beim Beutefang beobachtet hat, weiß, daß sie blitzschnell töten, was sie brauchen." (Kos S. 9)
In jeder Tierart sieht man heute etwas Erhaltenswertes. Der Uhu insbesondere gilt als Symbol der freien Tierwelt, die nicht ausgerottet werden darf, wenn der Mensch nicht mit ihr verarmen soll. „Man hat erkannt, daß das herrliche Flugspiel und der wilde, jauchzende Schrei des Raubvogels ein unersetzlicher Schmuck unserer Heimat ist. Vielen Naturfreunden gilt er noch mehr als das Lied unserer Singvögel." (Kleinschmidt S. 10f.)
Schon im 19. Jahrhundert gab es Jagdgesetze, die auch einigen „Raubvögeln" Schutz angedeihen ließen (23. 3. 1888), aber der Uhu galt weiter-

„Wer einen Uhu nach altem Rezept aufzieht, auch noch eingekerkert, und ihn alltäglich mit einem Überfluß an fertiger Beute, sogar reinem Fleisch, versorgt, wird seine natürliche Neigung zur Jagd unterbinden und letzten Endes in vielen Fällen erleben, daß der Vogel, ungesund durch Mangel an Bewegung, in seinem Käfig eingeht. Mein Pflegling genoß vom Anfang seine Freiheit, lernte fliegen, seine Krallen zu benutzen, und die ganze Tierwelt um sich zu sehen, seine Feinde eingerechnet. Und wenn die Zeit dafür kam, setzte ich ihn auf knappe Ration, um ihn zu zwingen, für sich selber zu sorgen ...“

(Berg S. 140 f.)

Rechte Seite: Getöteter Uhu, im Hintergrund ein Jagdhund. Ölgemälde von Benno Adam (1812–92), München

BRUTVOGELATLAS BAYERN
Rasterkartierung UTM 10 km x 10 km

UHU

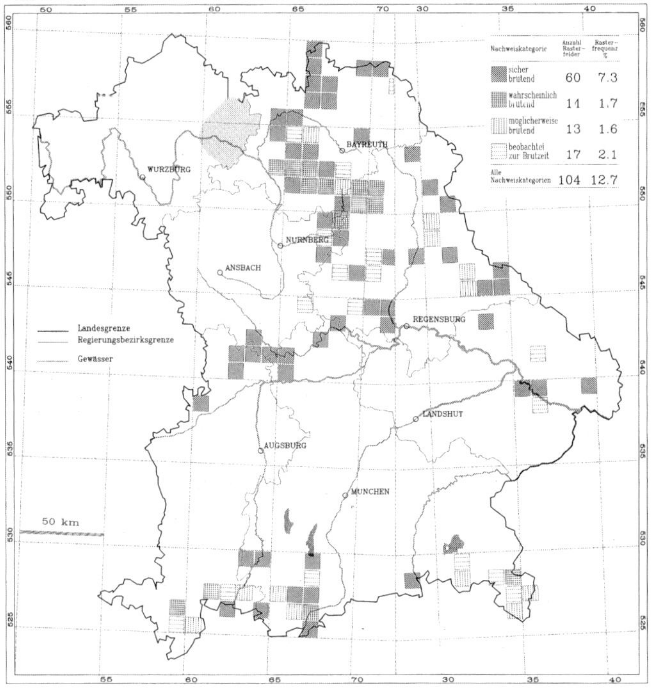

BRUTVOGELATLAS BAYERN
Rasterkartierung UTM 10 km x 10 km

STEINKAUZ

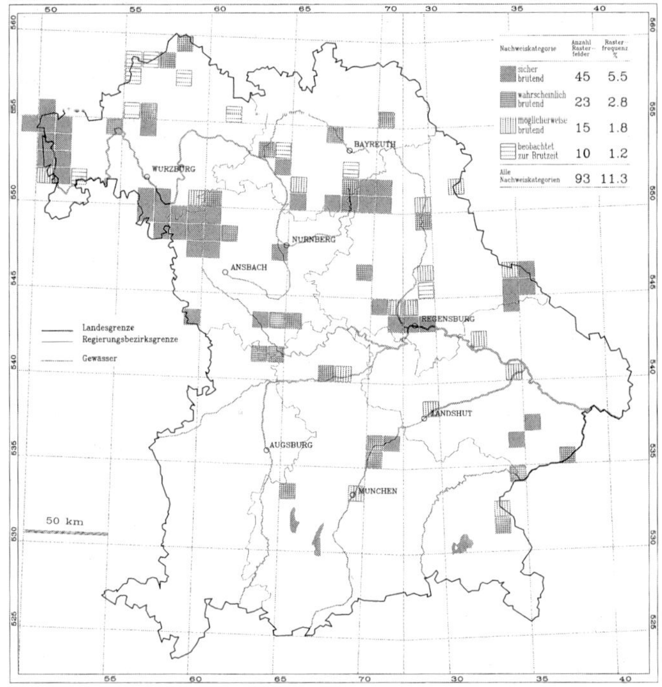

BRUTVOGELATLAS BAYERN
Rasterkartierung UTM 10 km x 10 km

RAUHFUSSKAUZ

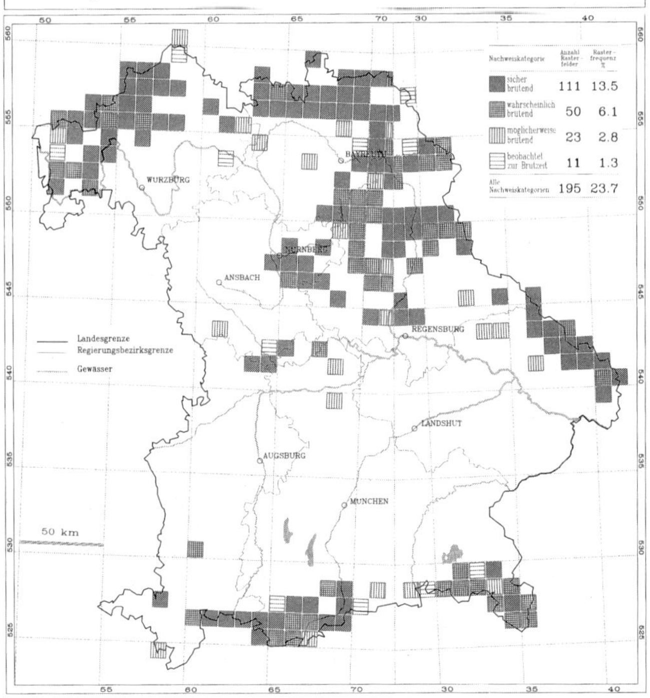

BRUTVOGELATLAS BAYERN
Rasterkartierung UTM 10 km x 10 km

SPERLINGSKAUZ

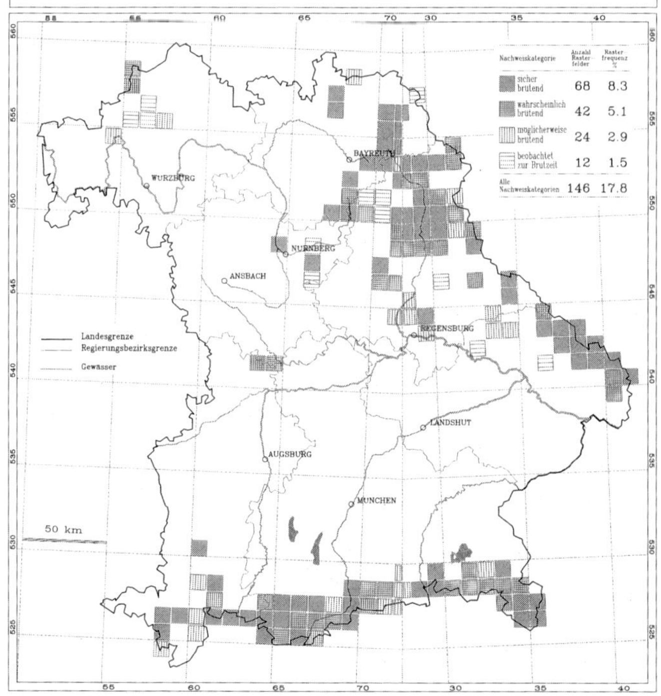

Sicherung gefährdeter Uhu-Brutplätze an einer Felswand im Isartal.

hin als großer Schädling, da er sich am Jagdwild vergriff. Heute sind alle Greifvögel geschützt (mit zeitlichen und nur für bestimmte Tiere geltenden Beschränkungen); die Bundesartenschutzverordnung vom 25. 8. 1980 (§ 22) stellt die Eulen unter besonderen Schutz. Außerdem gibt es große Naturschutzverbände und Institutionen sowie zahlreiche Vogelschutzinitiativen von Privatpersonen, die gute Ergebnisse zeitigen. Als vor etwa 50 Jahren begeisterte Naturfreunde der Gefährdung entgegentraten, waren die Methoden des Aussetzens der durch Menschen aufgezogenen Tiere und der Wiedereinbürgerung noch nicht ausgereift, es kam zu unkoordinierten Alleingängen. Generell ist das Züchten und Auswildern von bedrohten Tierarten nur ein letztes Hilfsmittel, ihr Aussterben zu verhindern. Mißerfolge ergeben sich häufig durch in der Gefangenschaft nicht erlernte Verhaltensweisen. Dennoch konnte der Uhu durch diese Methode vor dem Aussterben bewahrt werden.

Inzwischen sind Erlebnisbücher und fundierte Studien erschienen, die das allgemeine Interesse auf die Eulenvögel lenkten. Es gibt große, vielbesuchte Vogelparks wie z. B. den Vogelpark Niendorf an der Ostsee, der die artenreichste Eulenkollektion besitzt.

Weltweit wurden tausende von *Nationalparks,* in denen sich die Natur nach ihren Gesetzen entfalten kann, errichtet. Auch unseren deutschen Nationalparks kommt auf diesem Gebiet große Bedeutung zu. So hat der Nationalpark Bayerischer Wald derzeit ein Areal von ca. 8000 ha zur Verfügung. In einer großen Voliere mit Felswand ist ein Uhupaar zu beobachten. „Die Nationalparkverwaltung versucht im weiteren Umland

Linke Seite: Atlas der Brutvögel in Bayern 1979 – 1983, als Beispiele: Uhu, Steinkauz, Rauhfußkauz und Sperlingskauz. Leere Felder bedeuten nicht zwangsläufig das Fehlen einer Art, da nur beobachtete Vögel eingetragen wurden.

Sicherung gefährdeter Brutplätze von Waldkäuzen in Baumhöhlen.

an bekannten historischen Brutplätzen die Tiere wieder anzusiedeln und vorhandene Bestände dieser prachtvollen Vögel zu sichern. Im Nationalpark selbst ist das Klima zu rauh, auch gibt es zu wenig offene Flächen für Uhus. Die für die Ausbürgerung benötigten Jungvögel werden seit 1972 in Volieren erbrütet und allmählich an das Leben in Freiheit gewöhnt. Jährlich können etwa 10 – 12 Junguhus in das Gebiet entlassen werden. Vereinzelt brüteten solche Uhus bereits im Freiland.“ (Scherzinger S. 18) Das ist um so bemerkenswerter, als das bayerisch-böhmische Waldgebirge mit seinen Höhenlagen und den langen, schneereichen Wintern deutlich schlechter geeignet ist, als etwa das Gebiet des Juras oder der Alpenrand.

Zur Auswilderung eignen sich ausgewachsene, flugfähige Junguhus von 10 – 14 Wochen (Scherzinger, Uhu). „In Bayern hat sich der Uhubestand in den 70er Jahren wieder stabilisiert (ca. 200 Paare); man konnte sogar mit Einzeltieren Bestände in anderen Bundesländern wieder aufstocken.“ (Trommel S. 166) Den Bemühungen der AZWU (Aktion zur Wiederansiedlung des Uhu) ist eine nahezu flächendeckende Wiederansiedlung zu verdanken. 1986 konnten in Deutschland 765 Junge aus erfolgreichen Bruten angesiedelter Uhus registriert werden (Scherzinger, Uhu, S. 42).

Von den anderen Eulenarten im Nationalpark Bayerischer Wald erfahren wir: „1926 wurde der letzte Habichtskauz im bayerisch-böhmischen Grenzgebirge beobachtet. Auch in den Alpen gibt es keine beständigen Brutvorkommen mehr. Die Nationalparkverwaltung ist bemüht, diese imposante Eule der Landschaft wieder zurückzugeben. Für die Wiederansiedlung werden Jungtiere, die von eigenen Zuchtpaaren in großen Gehegen erbrütet werden, allmählich in die Freiheit ausgewöhnt. Die Nachzucht ist hier 1973 erstmals gelungen. 1975 erfolgte die erste Freilassung.

Im Bayerischen Wald sind somit vier Eulenarten im Waldesinneren (Habichtskauz, Waldkauz, Rauhfußkauz, Sperlingskauz) und zwei im Randbereich (Uhu, Waldohreule) beheimatet. Die Waldohreule jagt vorwiegend an Waldrändern, über Mooren und Wiesen. Sie brütet nur am Außenrand des Nationalparks und meidet im allgemeinen die kalten Bergwälder höherer Lagen. Durch unterschiedliche Jagdzeiten, Beutewahl, Jagdgebiete und -techniken können diese sechs Arten ohne allzu große Beutekonkurrenz nebeneinander existieren.“ (Scherzinger S. 59)

Weitere Beispiele aktiver Hilfe für die Eulenvögel seien genannt: Naturschutzbehörden kümmern sich mit Hilfe von Landschaftswarten um die Einhaltung der Gesetze, führen gelegentlich auch Prozesse gegen Uneinsichtige, versuchen Einfluß auf die Trassenführung geplanter Straßen zu nehmen. Neue Uhuhorste werden bewacht, so z. B. von Mitarbeitern des Bundes Naturschutz des Kreises Osterode im Harz. Bei Offenburg in Baden-Württemberg legten junge Leute Brutkästen für Schleiereulen, die in einem Scheunengiebel vergeblich ihren Nistplatz suchten, an. In der Region München kümmert sich um diese Vögel ab 1983 ein engagierter

Die Ziele des Nationalparks werden durch den Kauf dieser Plakette gefördert.

Anbringen von Nistkästen für Schleiereulen in einer Scheune, Umland München

Arbeitskreis von Vogelschützern, der an Kirchen und Scheunen Einfluglöcher freilegt, um dahinter Brutkästen anbringen zu können. Ihm gelang es, den Bestand an Schleiereulen erfolgreich wieder aufzubauen und zu sichern. Jungeulen wurden beringt, damit das Wanderverhalten der Vögel studiert werden kann.

Bei den Schleiereulen ist der Grund für den Populationsrückgang ein anderer als bei den Uhus: Ihnen fehlen die Nistplätze, da es in unserem „sauberen“ Land kaum mehr altes Gemäuer, offene Kirchtürme, Taubenschläge oder Scheunen gibt. Selten sind auch die alten Bauernhäuser geworden, in denen noch Giebelluken angelegt sind. „Runde, an den oberen Giebelpartien vorkommende Rauchluken am Niedersachsen- wie auch am Schwarzwaldhaus werden als ‚Eulenlöcher‘ bezeichnet, weil sie gleichzeitig die Ein- und Ausflugöffnungen für diese Nachtvögel abgeben, die in den großen Bodenräumen tagsüber Schutz und Unterkunft suchen.“ (Blümel S. 15) Heute sorgen vielerorts engagierte Vogelschützer dafür, daß solche „Fenster“ wieder geöffnet oder an ihrer Stelle Brutkästen und Niströhren aufgestellt werden. Auch bei Waldohreulen, Rauhfußkäuzen und Steinkäuzen sind künstliche Ansiedlungsmöglichkeiten mit Erfolg erprobt worden. Man ist bemüht, Renovierungsarbeiten, z. B. an Kirchtürmen, zur Brutzeit der Eulen zu verhindern. (Bezzel S. 172 ff.) Ein Biologe aus der Eifel ging in den 80er Jahren daran, junge Uhus aus Vogelparks und Zoos zu holen, an lebende Kost zu gewöhnen und für ein Leben in Freiheit zu trainieren. Auch der Vogelpark in Weilrod-Hasselbach (Hochtaunuskreis) ist aus einer privaten Initiative hervorgegangen: Über 100 europäische und asiatische Eulen sind in Großvolieren zu beobachten, durch einen Lehrpfad mit Schautafeln ist das Gelände didaktisch aufbereitet. In der Pfalz ist das Wachenheimer Odinsthal (Vogelpark) eine Ausgewöhnungsstation für Eulen und Greifvögel. Kranke und in (Winter-) Not geratene Vögel werden dort gepflegt, bis sie guten Gewissens in die Freiheit entlassen werden können. Solche Stationen gibt es inzwischen bundesweit.

In schneereichen Wintern sind alle Eulen, die ja auf lebende Nahrung angewiesen sind, besonders gefährdet. Aus diesem Grunde ist beispielsweise die Kreisgruppe Würzburg des Landesbundes für Vogelschutz (LBV) darangegangen, regelrechte „Mäuseburgen“ aus Stroh, Dreschabfall und Getreide, in denen sich lebende Mäuse befanden, aufzustellen und den hungernden Vögeln zu überlassen (vgl. auch Trommer S. 99 ff.). Verletzte und geschwächte Tiere werden gepflegt und dann wieder freigesetzt, was allerdings vieler Erfahrung bedarf.

Der deutsche Alpenverein mahnt Skifahrer und Kletterer, den Bergwald als Lebensraum von Tier- und Pflanzenwelt zu schonen. Auch Sektionen, die ihre Übungshänge nicht in den Alpen haben, sondern z. B. in der Eifel („Klettergarten Nordeifel“), sind bemüht, in Zusammenarbeit mit den zuständigen Naturschutzreferenten die Brutgeschäfte des Uhus zu

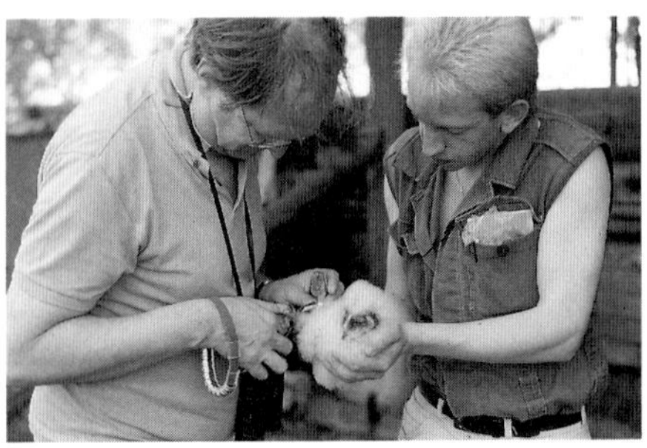

Beringen von Schleiereulen

schützen. Die Bezirksregierungen (Höhere Naturschutzbehörde) und die Landratsämter (Untere Naturschutzbehörde) erteilen Auskünfte über Kletterverbote. So ist beispielsweise im Frankenjura ein Uhufelsen vom 1. 2. – 31. 7. gesperrt, im oberen Donaugebiet sind eine ganze Reihe von Felsgruppen sogar ganzjährig der Kletterei versagt, um nur zwei der vielen Schutzgebiete herauszugreifen.

Man fragt sich freilich, wieweit derlei Maßnahmen ins Bewußtsein der Öffentlichkeit dringen. In Amerika, dessen Praktiken der Öffentlichkeitsarbeit die europäischen häufig in den Schatten stellen, haben sich Persönlichkeiten des öffentlichen Lebens dem Schutz der Tierwelt zur Verfügung gestellt. Die berühmte Filmschauspielerin Zsa Zsa Gabor zeigt sich mit einer riesigen Eulenfigur („Woodsy"), um für die Umweltaktion zu werben.

Die Werbemethoden, die sich die deutschen Naturschutzverbände einfallen lassen, sind weniger spektakulär: Kinder und Jugendliche sollen für ihre Ideen gewonnen werden. Die Kleinen will man mit Plüschtieren aus hochwertigen Materialien, die den Tiercharakter naturgetreu wiedergeben, erfreuen. Für die Heranwachsenden stellt man Arten-Pässe aus, z. B. einen Eulenpaß; die Texte verdeutlichen in verständlicher Form die Notwendigkeit des Naturschutzes.

Die vor ca. 60 Jahren gegründete Firma Uhu-Alleskleber hat sich 1985/86 aktiv an der Aktion „Schützt den Uhu" beteiligt; durch ihren Einsatz konnten 50 Junguhus wieder eingebürgert werden. Als seltene Verbindung von Artenschutz und Firmenwerbung finanziert diese Firma seit einem Jahrzehnt Aufzucht und Auswilderung der Vögel.

Die „Aktion zur Wiedereinbürgerung der Uhus" (AZWU), Anfang der 50er Jahre gegründet, koordiniert über hundert Uhuzüchter zwischen Flensburg und dem Bodensee und ist verantwortlich für den Aufbau neuer Uhu-Populationen. 1988 konnten ca. 1100 Uhu-Brutplätze in der BRD registriert werden. Aus den neuen Bundesländern liegen noch keine Zahlen vor.

Der Gedanke, daß der Mensch nicht Herr der Schöpfung, sondern ihr verantwortlicher Verwalter ist, findet immer mehr Anhänger. Die großen Schwierigkeiten eines allen Tierarten und den menschlichen Bedürfnissen gerechtwerdenden „Natur-Heilverfahrens" können nur durch aufmerksame Beobachtung und Beschreibung, Forschung mit modernen Mitteln und grenzüberschreitendes Verständnis der Völker gelöst werden.

Die Firma Uhu hat sich um den Uhu-Schutz verdient gemacht. Oberes Bild: der hölzerne Uhu im Garten des Stammsitzes von UHU in Bühl.

Eulendarstellungen von der Antike bis zum späten Mittelalter

Der musische Formwille des Menschen mißt sich seit Jahrtausenden an dem Bild der Eule. Was ist es nun eigentlich, was den darstellenden Impetus reizt, sich gerade diesem Tier zuzuwenden? Möglicherweise fasziniert das große Auge, der intensive, fast „menschliche“ Blick? Geht von dem geheimnisvollen Nachtleben, das im Gegensatz steht zu der Ruhestellung am Tag oder gar von dem durchdringenden Ruf des Vogels eine die Phantasie beflügelnde Wirkung aus?
Die Uranfänge europäischer Kunstbetätigung sieht man bei den paläolithischen Jägervölkern Spaniens und Südfrankreichs; sie kennen bereits in den Fels geritzte Eulengestalten mit massigen Körpern und dem typischen, gerade auf den Betrachter gerichteten Augenpaar (vgl. Nissen S. 17, Tafel 1: Abbildung von prähistorischen Schneeulen). Diesen Eulen kommt, ebenso wie den vorderasiatischen und ägyptischen Vogelbildern, eine abstrahierende Sehweise zu, die sich auf die wesentlichen Züge beschränkt.

Griechische Münzen: Auf der Vorderseite Kopf der Göttin Athene, auf der Rückseite ihr Attribut, die Eule, mit Ölzweig und Mond.

Silberne Tetradrachme, Athen, 5. Jh. v. Chr.

Silberne Tetradrachme, Athen, 2. Jh. v. Chr.

Bronzemünze, Pergamon, 2. Jh. v. Chr.

Antike

Auch die ältesten uns bekannten griechischen Darstellungen betonen die großen, „klugen“ Augen: Eine Terrakotta-Parfumflasche in Form einer Eule aus dem 7. vorchristlichen Jahrhundert befindet sich heute im Pariser Louvre: Auf ihr ist, ebenso wie auf den frühen griechischen Münzen, der die Augen umkränzende Gesichtsschleier sowie die Art des Gefieders mit Linien und Punkten in stilisierter Weise festgehalten. Silberne Athener Tetradrachmen wurden in verschiedenen, einst von der griechischen Kultur beherrschten Bereichen, gefunden. So ergrub man z. B. 1984 in Südwestanatolien/Türkei äußerst seltene und kostbare Stücke aus der Zeit des ersten attischen Seebundes, der im Jahre 477 v. Chr. gegründet worden war. Die Vorderseite zeigt die Schutzherrin von Athen, Pallas Athene, die Göttin der Weisheit und Wissenschaft. Ihr Attribut, die Eule (bzw. der Steinkauz) ist – mit Ölzweig und Mond – auf die Rückseite der Münze geprägt.

Amphoren aus Ton mit Eulenbild auf beiden Seiten dienten auf dem Markt in Athen als öffentliche Maßgefäße. Sie waren 56 cm hoch und faßten 39,3 Liter. Neben der Eule als Emblem der Stadt steht ein Schriftzeichen, das „staatlich“ bedeutet. Die Münchener Antikensammlung besitzt das einzige ganz erhaltene Gefäß dieser Art (um 500 v. Chr.).

Die Eule blieb seither ein Symbol der Klugheit, der besonnenen Macht und der hohen Bildung. Davon wissen schon die Fabeln des Äsop (um 550 v. Chr.), die wiederum in die römische und mittelalterliche Literatur eingingen. In Rom war die Eule das Attribut der Göttin Minerva.

Die ruhig auf ihrem Pfahl ausharrende Eule, auf die kleinere Vögel „hassend“ niederstoßen, ist von griechischen Vasenmalereien bekannt. Manche dieser Bilder zeigen genaue Beobachtungen des Tierverhaltens, wie es dann noch stärker in der Spätantike hervortritt.

Rotfigurige Lekythos (Salbengefäß), Athen, 470 v. Chr.
Staatliche Antikensammlung, München

Mittelalter

Verschiedene antike Tierkunden, medizinische Sammelhandschriften sowie orientalische Erzählungen mögen die Grundlagen des als „Physiologus“ bezeichneten Textes gewesen sein, der um 200 n. Chr. zuerst vorlag, rund tausend Jahre lang in unzähligen Sprachen weiterwucherte und in immer neuen Fassungen lebendig blieb. Ein Geflecht von Einflüssen und Vorstellungen legte sich über Text und Bild: Frühchristliche Interpretation, Mirakelglaube und moralisierende Spekulationen traten zu den an sich schon wenig realistischen Beschreibungen von 55 Tieren hinzu. Der Mensch deutet das Kreatürliche einzig im Hinblick auf das Göttliche. „Die Tiere des ‚Physiologus‘ sind so wenig ‚Tiere‘ im Sinne der Biologie, wie der Stein des Weisen ein mineralogisches Faktum oder so

Griechische Parfumflasche
in Form einer Eule, Terrakotta,
um 650 – 525 v. Chr.
Musée du Louvre, Paris

Maß-Amphore, Athen, um 500 v. Chr.
Staatliche Antikensammlung,
München

Darstellung eines Kauzes im „Physiologus“ nach einem mittelalterlichen Bestiarium (Ausgabe: Seel 1987)

wenig, wie das Gold des Alchimisten ein chemisches Element ist. Sondern immer geht es nur um symbolische Umrisse, welche zum Mythischen hin transparent bleiben müssen und deshalb als Konturen ohne Füllung begegnen.“ (Seel S. 98)
Die im Physiologus verzeichnete Deutung der Eule war für die Auffassung und Valenz der folgenden Jahrhunderte prägend; daher soll hier der ganze Text des kurzen Kapitels wiedergegeben werden: „Es spricht David im Psalm: Ich bin gleich wie ein Käuzchen in den verstörten Stätten. Der Physiologus hat vom Käuzchen gesagt, daß es die Nacht mehr liebt als den Tag. Also hat auch unser Herr Jesus Christus uns geliebt, die wir in Finsternis und Schatten des Todes saßen; ich meine damit das Heidenvolk über das Volk der Juden hinaus, denen doch die Verheißungen der Väter anvertraut waren. Daher auch der Herr spricht: Fürchte dich nicht, du kleine Herde; denn es ist eures himmlisches Vaters Wohlgefallen, euch das Reich zu geben.
Jedoch wirst du mir sagen, daß das Käuzchen unrein ist nach dem Gesetz. Wie also wird es dann zum Gleichnis des Heilandes? Und wie spricht der Apostel? Er hat den, der von keiner Sünde wußte, für uns zur Sünde gemacht. Sich selbst hat er erniedrigt, auf daß er alle rette und wir erhöht würden.
Geliebt hat aber der Herr das Dunkel, nämlich die Heiden, mehr als die Juden, die ihn töteten und haßten darum, daß sie nicht gehorsam waren. Ich will das mein Volk heißen, das nicht mein Volk war, und meine Liebe, die nicht meine Liebe war.
Wohlgesprochen hat also der Physiologus über das Käuzchen.“ (Seel S. 11)
Hier wird also der Nachtvogel verglichen mit dem Heidenvolk, das im Dunkeln saß, ehe Christus ihm „das Reich“, das Licht der Erlösung, brachte. Der folgende Abschnitt des Textes hat im einzelnen Unklarheiten und damit unterschiedliche Auslegungen gezeitigt. „In den lateinischen und anderen von ihr beeinflußten volkssprachlichen Fassungen geht die Deutung, genau umgekehrt, dahin, daß das Käuzchen, wegen dieser Nachtliebe zum Symbol des Bösen, des Unbelehrbaren und Unbekehrten wird.“ (Seel S. 104)
Seit dem 9. Jahrhundert verbreitet sich die Auffassung mehr und mehr, daß die Eule als Judensymbol zu gelten hat. So vieldeutig wie alles Irdische ist auch das Wesen dieses Vogels. „Denn zwiespältiger Art, löblich und tadelig, ist alle Kreatur“, sagt der Physiologus an anderer Stelle (Seel S. 9). Er öffnet damit Tür und Tor für die Ambivalenz der Symbolik in den folgenden Jahrhunderten.
Alle Natur-Dinge (de natura rerum) waren dem mittelalterlichen Denken „sprechende“ Zeichen, die Geistiges vergegenwärtigten. Nehmen wir beispielsweise die Ausführungen im „Buch der Natur“ des Regensburger Domherrn Konrad von Megenberg. Das Werk geht auf eine lateinische

Vorlage (Thomas von Chantimpé) zurück, die um 1240 das naturkundliche Wissen der Zeit zusammenfaßte. Erweitert erschien die Schrift um 1350 in deutscher Sprache und kam 1475 in Augsburg, mit zahlreichen Holzschnitten versehen, heraus. Die Eule, bildlich als eine unter vielen Vogelgestalten wiedergegeben, ist annähernd naturgetreu dargestellt.
Es überrascht nicht, daß der Text – den verschiedenen Überlieferungssträngen folgend – sich nicht auf eine Auslegung des Eulenvogels festlegt. Über den Uhu wird zunächst sachlich berichtet: „Bubo heyßt ein Auf oder in anderm teutsch ein Hauw. Mit dem Vogel facht (fangt) man ander vogel." Was die theologische Deutung anlangt, so schreibt Megenberg dem Uhu den Ruf der „öffentlichen Sünde" zu, denn er trinke nicht nur den Tauben die Eier aus, sondern saufe auch das Öl aus den Ampeln in den Kirchen. Er verunreinige die Gotteshäuser mit seinem Mist. Nun aber kommt ein deftiger Seitenhieb auf die eigenen Standesgenossen: Der Vogel sei vergleichbar, so führt Megenberg aus, den „ungezogenen Pfaffen", welche die Kirchen mit ihren Sünden verunreinigen. Auch in dem gesonderten Kapitel „Von den Eylen (Eulen)" gilt die Eule als böse, denn – wie der Herr spricht –, „Wer Böses oder Übles wirkt, der haßt das Licht." (o. S.)

Uhu als Sinnbild der Sünde,
aus dem „Bestiarium Ashmole",
England ca. 1210
Graz, Akademische Druck- und Verlagsanstalt

Eule als Weisheitssymbol und Christuszeichen, Misericordie von Jörg Syrlin d. Ä. 1474, Ulmer Münster (Chorgestühl). Beuroner Kunstverlag
Rechte Seite: Eule auf einer Dornenkrone als Symbol des geduldig Leidenden, Ausschnitt aus dem Wandteppich mit dem Kampf der Tugenden und Laster, Regensburg, um 1400. Museum der Stadt Regensburg

Auch mit Brille, Fackeln und Kerzen erkennt die törichte Eule nichts. (Nach Henkel/Schöne)

Die gesamte enzyklopädische Literatur des Mittelalters bezieht sich, soweit sie nicht vom Physiologus abhängig ist, auf antike Schriftsteller wie Aristoteles, Plinius und Ovid, oder hält sich moralisierend an das Alte Testament. Dort galten die Eulenvögel als „unrein“, d. h. sie fielen unter das Speiseverbot. In der poetischen und philosophischen Literatur werden Auseinandersetzungen um den Charakter der verschiedenen Vögel ausgetragen, wobei diese oft spielerisch den Streit der Menschen um *sic et non* weiterführen.

Es sei hier auf das weitverbreitete und mehrfach abgewandelte mittelenglische Gedicht „Die Eule und die Nachtigall“ hingewiesen, das Nicholas of Guildford (Ende 13. Jh.) zugeschrieben wird. Es geht darin um zwei verschiedene Lebensstimmungen oder Grundsituationen: Die Nachtigall

vertritt das mehr sinnenhafte, vergängliche Glück, während der Eule eine ernste, philosophische Lebenshaltung zugeschrieben wird. Zu jener Zeit aber wußte man, daß die Art der Nachtigall der neuen, weltfrohen Religiosität der Franziskaner entsprach. Die asketisch-mönchische Sicht der Eule aber bringe den Menschen dem Himmel näher, so behauptete die andere Richtung der Geistlichkeit: Beschaulichkeit und Demut sind die Quellen göttlicher Wahrheit. In mystischer Identifikation stellt die „gehaßte" Eule Christus selbst dar, der von jenen, denen er helfen will, verfolgt und getötet wird. Beide, die Eule wie Christus, lassen das Unrecht über sich ergehen, gelassen, demütig, ergeben in Gottes Willen (vgl. Hume S. 8f.). Das ist ihre letztlich „höhere" Weisheit: die Macht im Leiden, im geduldigen Hinnehmen.

Noch im 16. Jh. wird wie bei Konrad v. Megenberg die Meinung vertreten, die Eule saufe das Öl aus den Kirchenampeln.
(Nach Henkel/Schöne)

Eule vor einer Felsenhöhle,
Vogel des Dunklen, Bösen.
Fürstenfeldbrucker Handschrift,
13. Jh.
Bayerische Staatsbibliothek München

Oben und rechte Seite:
Eulen neben Leidensdarstellungen,
Symbol des Unrecht erduldenden
Christus
Wolfgang-Missale von Rein 1492/93
(nach Sieveking 1986)

In diesem Sinne erscheint die Eule in vielen Miniaturen mittelalterlicher Handschriften, so z. B. in den Darstellungen des „Meisters des Wolfgang-Missale von Rein“ (bei Graz, 1492/93): Sie ist Sinnbild Christi in der dunklen Nacht des Leides. Die wundervollen Initialen und Randleisten weisen inmitten von farbigen Ranken, Blüten und Vögeln mehrere Eulendarstellungen auf, die man – oberflächlich betrachtet – als Ziermotive ansehen könnte. Doch läßt sich in dieser Handschrift wiederholt „ein Zusammenhang zwischen scheinbar nur zierenden Motiven der Randleiste und dem Thema der Bildinitialen beobachten.“ (Sieveking S. 41) Einmal erscheint die Eule in einem Distelwerk, womit eine Anspielung gegeben ist auf den nach dem Sündenfall verfluchten Acker, der durch Christi Tod erlöst wird (Sieveking S. 33, Farbtafel III). Am Rand neben dem Gekreuzigten sehen wir einen Steinkauz (Sieveking, Farbtafel IV), der sowohl als Todverkünder als auch als Christussymbol gemeint sein kann. Auch im Meditationsprogramm der Geißelung Christi erscheint die Eule neben dem hilflos der Verspottung ausgesetzten Christus. Der Uhu, von vielen Vögeln angegriffen, mag ebenfalls Zeichen des gepeinigten Heilands sein. Die Bildinitiale E (Sieveking Abb. XV) zeigt das Martyrium des Hl. Stephanus. „Ob die Eule in der Randleiste unten rechts wegen ihrer Nachtliebe als Symbol des Bösen, des Unbelehrbaren und Unbekehrbaren zu deuten ist, wofür die steinigenden Schergen Beispiel geben, mag dahingestellt bleiben. Als Vorzeichen des Todes läßt sie sich zur Szene des Martyriums in Beziehung setzen und auch als Zeichen der Christuslicbc zu Stcphanus in scincr Not.“ (Sicvcking S. 51)

Die seit dem frühen Mittelalter lebendige Metapher vom Kampf der Tugenden und Laster, bzw. Christi gegen das Böse, hat sich in verschiedenen Bildzyklen erhalten. Auf einem Regensburger Wandteppich um 1400 finden sich Gegensatzpaare (z. B. Mäßigkeit – Gefräßigkeit) in siebenfacher Konfrontation. Bei einem dieser Paare reitet die Personifikation des Zornes auf einem Wildschwein und führt als Helmzier eine Dornenkrone mit einer Eule. Ein dazugehörendes Spruchband besagt: „In mir ist zorn vnd striten vil/ alle dinck ich verstoren wil“ und „mit meinem gedvldigen leiden/ mag ich wol deinen streit vertreiben.“ Es ist eindeutig, daß die im Dornenkranz geduldig ausharrende Eule Christus selbst vertreten soll.

In ähnlich ambivalenter Stellung findet sich die Eule in der plastischen Kunst der Epoche, vor allem an Kirchenportalen und Kapitellen; als Beispiel seien die Eulen-Kapitelle auf der Westempore der Abteikirche Maria Laach, 2. Hälfte des 12. Jahrhunderts, genannt. Das romanische Portal von Sainte-Marguerite-sur-Mer bei Varangeville/Normandie (12. Jh.) zeigt eine stark stilisierte Eule mit einer Schlange im Schnabel; gemeint ist wohl die Überwindung des Bösen (des Teufels) durch das Gute (Christus). Aber auch als Repräsentant des mit Blindheit geschlagenen jüdischen Volkes tritt die Eule auf, z. B. am Weihwasserkessel in der

Eule mit Schlange im Schnabel:
Überwinderin des Bösen, also
Christussymbol
Portalplastik an der Kirche Saint-Marguerite-sur-mer / Normandie,
12. Jh.

Kirche von Ars, wo sie von großen, sie scheltenden Vögeln (Geier oder Habichte) flankiert sind. Meist wird sie von vielen kleinen Vögeln geneckt, wie in Le Mans. Zahlreiche Beispiele lassen sich auch an und in englischen Gotteshäusern finden. Eine sehr dichte farbige Darstellung weist ein Schlußstein im Gewölbe der Sherborne Abbey/Kent auf: Wie ein Kranz umschließen die „hassenden" Vögel die mit ausgebreiteten Flügeln starr sitzende Eule (vgl. Abb. S. 17).
So bieten die verschiedenen Kunstgattungen zahllose schöpferische Varianten, Deutungen, in denen sich die geistige Vorstellungswelt des Mittelalters spiegelt.

Eulendarstellungen in der Renaissance

Neue Sehweise

Bis Ende des 15. Jahrhunderts liegt der Katalog vermeintlicher Eigenschaften der Eulen und ihre theologische Interpretation fast vollständig vor. Noch hält sich der Künstler an die Vorlagen der Hortus-Bücher, der Bestiarien, doch gewinnt allmählich die naturkundliche Neugierde an Boden, das Tier als eigenständiges Wesen gerät ins Blickfeld, Hand und Auge üben sich in der Treue der Wiedergabe. Leonardo da Vinci führt seine Bewegungsstudien durch, u. a. an Pferden und Vögeln, Dürer zeichnet liebevoll und „sachfromm" Gras und Blätter, das Fell des Hasen, die Krallen eines Käuzchens.

Eine Bewußtseinsänderung hat sich vollzogen. Natürlich sieht der Künstler das Tier durch seine subjektive Linse; sein schöpferischer Elan verwandelt das Naturding in ein Wesen, das der Mensch zu verstehen glaubt. Auch wenn er es nicht in philosophisch-theologischer Weise ausdeutet, so sucht er doch, das innere Wesen zu erfassen und begreiflich zu machen. Insofern ist jede Darstellung persönliche Aussage.

Es scheint so, daß der Mensch sich zu Beginn der Neuzeit nicht nur den Blick nach außen frei macht, sondern daß er auch die Seelenqual vorgestellter Ungeheuer, Dämonen und Teufel langsam von sich wälzt, die Last, sich bei allen Handlungen über deren Sündhaftigkeit Rechenschaft zu geben. Die Novellisten dieser Zeit stellen die überströmende Freude an Schönheit, Liebe, Reichtum und Genuß, an kühner Rede und freizügigem Tun in den Mittelpunkt ihrer dichterischen Einfälle, und der bildende Künstler weiß die Kunst des Lebensgenusses, die „blühenden Gärten der Lüste" auf seine Weise zu vermitteln.

Mit dem Lebensgefühl hat sich auch das Bild der Eule gewandelt. Sie wird nun nicht mehr so oft als das Böse, Dunkle, das Angst verbreitende Nachtgeheimnis aufgefaßt, sondern als amüsantes, komisches, „kauziges" Naturwesen.

Albrecht Dürer, Das Käuzlein,
Aquarell 1508.
Die Darstellung verrät genaue
Beobachtung des Vogels.

Der Kauz auf dieser Renaissance-Darstellung erinnert an das Attribut der griechischen Wissenschaftsgöttin Athene. Fra Giovanni da Verona, Einlegearbeit, 16. Jh. Abtei Monte Oliveto Maggiore (Siena)

Eule auf einer Tischplatte.
Maxlrain/Obb., 16. Jh.
Bayerisches Nationalmuseum
München

Lustvogel

In solchem Zusammenhang gewahrt man die Eule bei dem am Oberrhein tätigen Meister „E S“ (um die Mitte des 15. Jahrhunderts): In einem Lustgarten vergnügt sich die Jugend kokett bei Schachspiel und frivolem Hin und Her, beim Tausch von Briefchen und Angebinden. Tänzerische Bewegungen, leichtfertiges Mienenspiel, elegante Kleidung charakterisieren die Szene. Der Falke, Freund adeligen Jagdpläsiers, sitzt in den Bäumen oder erhebt sich in die Lüfte. Die Eule hat sich auf der Planke des

Beim Meister „E S“ sitzt die Eule inmitten des „Liebesgärtchens“ als Zeichen der Lebensfreude, Mitte 15. Jh. Kupferstichkabinett, Berlin

Lustgärtchens niedergelassen, gar nicht böse oder Unheil verkündend, eher mit froher Wachheit das heitere Getändel der jungen Leute beobachtend.

Schon bei Hieronymus Bosch (2. Hälfte 15. Jahrhundert) ist sie in dem großen Gemälde „Garten der Lüste“ nur als scheinbar verworfene Kreatur in die nackten Leiber hineingesetzt, signifikant für die Wollust. Welche Freude auch am Spiel und Getolle der Tiere im Figurenalphabet des oben genannten Meisters „E S“: Neben kläffenden Hunden, obszönen Affen, Mönchsgestalten und schnäbelnden Vögeln spreizen auch kuriose

Eulen ihre Flügel über dem frivolen Zusammenspiel, z. B. bei den Buchstaben „b" und „g".
In die gleiche Richtung deutet auch ein Holzschnitt des Meisters „M Z", der zeitweise in München tätig war: „Die Frau mit Eule", 1500. Es scheint, daß die junge Frau auf Sünde und Wollust – in Gestalt der Eule – zuschreitet, ja sie hebt sogar den Rocksaum hoch, als ob sie das Reich des Lasters aufdecken und dem Lockvogel Unterschlupf gewähren wollte. Halb ist sie noch nach rückwärts gewandt, wo aus den Wolken Blitz und Warnung schlagen mit der inskribierten Drohung „Duck dich!"
Mehr und mehr hat man zu Beginn der Neuzeit die Eule in erotische Szenen eingebaut, ja sie wurde als Lockvogel (s. Kap. 2, Jagd) nun sogar zum Dirnenattribut. Nicht nur bei der Versuchung des heiligen Antonius (Jan de Cock u. a.) spielt sie diese Rolle, sondern auch bei Darstellungen von Kneipen, Bordellen und verführerischen Frauen. „Civetta" – dies ist bis heute im Italienischen der Name sowohl für die Eule wie für die Dirne! Weib und Wein stehen aber von jeher in enger Verführungsgemeinschaft. Der Gesang mag sich in vorgerückter Stunde wie von selbst eingestellt haben. Besonders wenn der Wirt nicht wachsam ist, kann die Eule ihre Verführungskünste ausspielen. Dies mag ihre Gestalt auf dem Gemälde von Adrian Brouwer, „Der eingeschlafene Wirt", ankündigen (vgl. Abb. S. 101).
Dem Wein als Beflügler der Lebensgeister huldigt eine ausgereifte Kunst der Gefäßherstellung: humorvolle, prächtige, vieldeutige Kreationen. Die „Trinkgeschirre", wie man sie damals nennt, dienen einer die beginnende Neuzeit kennzeichnenden Tischkultur von raffinierter Vielgestaltigkeit und Dekorfreude. Nicht nur Stiche und Gemälde sondern auch die Ausgrabungen von Brunnenschächten und Abfallgruben geben uns ein farbiges Bild von der Bandbreite der Techniken und Formen des Renaissancegeschirrs. All dies wurde auf mehrstöckigen Buffets und Wandborden zur Schau gestellt, aus Lust am Anschauen schöner Dinge und zum Vorzeigen der Wohlhabenheit. Höfische und bürgerliche Feste – Jagden, Hochzeiten, Krönungen, Schützenfeste – boten dazu Gelegenheit. Zahllose Clowns und lustige Tiere tummelten sich in figurenreichen Tafelaufsätzen.
Das Zutrinken und Wetttrinken war in Privathäusern und in Gasthöfen sehr im Schwange. Ein treffsicherer Satiriker dieser Zeit, Johannes Fischart, schreibt über diese Sitte: „Da het einer wunder gesehen wie da die Gleser, Becher und allerley Trinckgeschirr vmbgiengen, wie man allda die kandel übet, ... da stachen sie einander die pocal auff die Prust, ... da soffen je zween und zween auß doppleten: die man von einander bricht, ja sie soffen auß gestifleten krügen, da stürzt man die Pott, da schwang man die Gutruff, da trähet man den Angster, da riß und schält man den wein aus Potten, auß Pinten, auß Kelchen, Napffen ..." (S. 123)

Im Figurenalphabet des Meister „E S" ist die Eule Zeichen der Wollust und Lebensfreude.
Staatliche Graphische Sammlung München

Beim Meister „M Z“ hebt die „Frau mit Eule“ den Rocksaum, um dem Lockvogel Unterschlupf zu gewähren. Staatliche Graphische Sammlung, München

Schaffhauser Eule, um 1500,
Hafnerkeramik, farbig glasiert
Kunstgewerbemuseum Köln

Eulenpokale

Wie schon erwähnt, war im 15. Jahrhundert die Deutung der Eule als Zeichen der Wollust, der Verführung, des Genusses aufgekommen. In diesem Sinne mögen auch die Eulen als Trinkgefäße verstanden worden sein, wie manche Inschriften auf solchen andeuten, die einerseits zum

Trinken auffordern, andererseits aber zur Mäßigung mahnen. Vielleicht dachte man gelegentlich auch an das wiederentdeckte Attribut der Athene, den Vogel der Weisheit, der vor dem Laster des unmäßigen Trinkens warnen sollte mit der hellsichtigen Aussage: Gib acht, verrate nicht zu viel, wenn deine Zunge gelockert ist!

Tiergestaltige Gefäße waren zu dieser Zeit in ganz Europa, besonders aber im deutschsprachigen Raum beliebt. Neben Löwen, Adlern, Falken und Hähnen gehören vor allem Eulenvögel als zweiteilige Trinkpokale zum Repertoire. Der Kopf war abnehmbar und diente als Deckel. Als Werkstoffe kamen Silber, Gold, Glas und Edelsteine, Holz, Ton und exotische Früchte in Frage. „Die Gründe für die Entstehung von Eulen sind ungewiß; es kann auch nicht mit Bestimmtheit gesagt werden, wo und aus welchem Material zuerst Eulen hergestellt wurden." (Wirth 1973, in: RDK Sp. 323) Die meisten Eulengefäße stammen aus adeligem Besitz und waren für besondere Anlässe bestellt worden, als Ehrengaben an hohe Gäste, als Preise bei Schützenfesten, von Fürsten gestiftet, als Jagdrequisit. Bei der Begrüßung von Gästen pflegte man in gehobener Gesellschaft als „Willkomm" einen mehrere Liter fassenden Pokal zu reichen. Im Grunewalder Jagdschloß (Berlin) ist in der Vorhalle eine farbig bemalte Bildtafel angebracht, auf der Kurfürst Joachim II. seinem Baumeister nach ritterlichem Brauch den Willkomm zutrinkt.

Zunächst soll hier die Gruppe der *keramischen Eulengefäße* vorgestellt werden. Man weiß bis heute nicht, ob die Stücke aus farbig glasierter Irdenware und Steinzeug oder die Fayencen älter sind. Daß die keramischen Eulen tatsächlich zum Trinken bestimmt waren, ist sicher. Darauf weist die auch auf der Innenseite der Gefäße angebrachte Glasur hin.

Diese ist z. B. an der berühmten „Schaffhauser Eule" vorhanden, die sich im Besitz des Kunstgewerbemuseums der Stadt Köln befindet. Die Eule (H. 23,8 cm) mit den Glasurfarben Gelb, Grün, Braun und Weiß trägt auf der Brust das plastische Bild einer Stadt, die man als Schaffhausen ausmachen konnte. Die kleinen Wappenschilder darüber weisen auf Zürich und Luzern hin. Als Herstellungsgegend dieses Gefäßes kommt Südwestdeutschland oder die Schweiz in Frage, ebenso wie bei dem Pokal aus der badischen Kunstkammer: Beide sind in die 2. Hälfte des 16. Jahrhunderts zu stellen, sind plastisch modelliert und farbig glasiert. Die Augenpartie ist durch radiale Einkerbungen hervorgehoben. Das Brustwappen des badischen Objekts (H. 24 cm) ist als das der Nürnberger Patrizierfamilie Braun identifiziert. Zwischen den Füßen ist das Monogramm HG erkennbar (vgl. Appuhn-Radtke S. 860).

Eulen aus glasierter Hafnerware tauchen noch im 17., vereinzelt auch im 18. Jahrhundert auf. Eine Gruppe dunkelglasierter, sehr großer Exemplare (bis zu einer Höhe von 43 cm) waren bisher einer bestimmten Landschaft nicht zuzuweisen (nach Wirth, RDK Sp. 336).

Steinzeugeulen sind zur selben Zeit, also um die Mitte des 16. Jahrhunderts oder kurz danach entstanden, und zwar stammen sie aus den Zentren der rheinischen Töpferwerkstätten Köln, Siegburg und Raeren (heute Belgien). Man bestellte sie als Zunftgefäße. Ein frühes Kölner Stück kam durch Schenkung 1537 an die Londoner „Company of Armourers and Brasiers“.

Aus Siegburg stammen Eulen mit hohem Sockel. Sie sind stark stilisiert, ihr Gefieder ist durch Einkerbungen und Stechmuster angedeutet. Aus Siegburger Werkstätten kommen auch Krüge, die als Ornamentierung Eulen aufweisen. Man nimmt an, daß es sich dabei um eine Art Emblem der Töpfer handelt, denn die Bezeichnung „Auler“ oder „Euler“ für diese Berufssparte war in weiten Gebieten Westdeutschlands üblich (abgeleitet von dem lateinischen Wort olla für ein Gefäß). So ist es wahrscheinlich, daß die auf qualitätvollen Krügen meist nach Ornamentstichen (von Virgil, Solis, Jan de Bry u. a.) applizierten und eingeschnittenen Eulen wörtliche Namensübertragungen bedeuten.

Am heftigsten von Sammlern begehrt und von kritischen Forschern angegangen ist wohl die Gruppe der Fayence-Eulen. Zuerst hat Karl Masner 1902 sieben Objekte publiziert, 1928 waren schon 15 veröffentlicht, und heute weiß man von ganzen Sammlungen, die allerdings einem wechselnden Schicksalsweg ausgeliefert sind (Lit. im RDK und bei Appuhn-Radtke). Man kann Karl-August Wirth beipflichten, der 1968 äußerte: „Die meisten Eulengefäße tauchen kurz, wie Kometen, im Kunsthandel auf und ihre Spur ist, wenn überhaupt, nur selten zu verfolgen.“ (S. 56)

Fayence-Eulen sind Gefäße, deren Grundsubstanz feingeschlämmte Tone sind; sie werden auf der Töpferscheibe hochgedreht und durch Modellierung, Einkerbung, Bemalung und andere Techniken weiter dekoriert. Vom scheibenförmigen Standfuß bis zum flachen Scheitel des Kopfes messen sie zwischen 25 und 46 cm. Gemeinsam ist ihnen die undurchsichtige, weißliche Zinnglasur und die Scharffeuerbemalung (vor dem zweiten Brennvorgang aufgetragen), die häufig noch durch Kaltmalerei ergänzt wird.

Die Herkunft der Fayence-Eulen gibt noch manches Problem auf, wenngleich man eine frühe Gruppe eindeutig nach Bozen lokalisieren konnte (vgl. Pfeiffer). Wie bei der Irdenware-Produktion darf man den Schwerpunkt der Herstellung von Fayence-Eulen im süddeutsch-alpenländischen Bereich annehmen. Als heutige Standorte allerdings überwiegen norddeutsche Museen.

Der Eulenpokal der Familie Kessenring (H. 30,5 cm) gilt als der älteste (1540). Als Brustwappen konnte das der Überlinger Patrizier Kessenring identifiziert werden. Auf blauen Scharffeuerdekor sind Kaltbemalungen in Rot, Gold und Schwarz gesetzt. Besondere Sorgfalt erfuhr die Ausmalung des Federkleides. Vater und Sohn Kessenring, beide kaiserliche Räte und Bürgermeister von Überlingen, haben diese kostbare Eule vermutlich als kaiserliches Geschenk erhalten (vgl. Walter Stengel).

Kurfürsten-Eule, Mitte 16. Jh., Fayence; rings um den kaiserlichen Doppeladler die Wappen der sieben Kurfürsten
Museum für Kunst und Gewerbe Hamburg

Kaufbeurer Eule, Fayence 1543,
Geschenk des Kaisers an den Patrizier
Georg Hörmann v. Gutenberg
Stadtmuseum Kaufbeuren

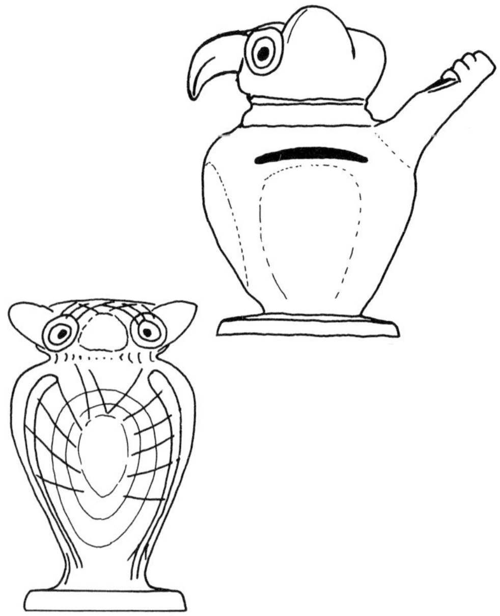

Tongefäßflöten in Form von Eulen, Schweden, um 1600

Eule auf einer glasierten Tonplatte, Anfang 19. Jh. (?)
Museum Burg Linn/Krefeld

Eine der frühen Eulen befindet sich im Städtischen Museum Kaufbeuren/Bayerisch Schwaben. Sie ist vom Standfuß bis zur Höhe von 26 cm hochgedreht. Die eingedellte Brust trägt einen Wappenschild mit dem kaiserlichen Doppeladler, der von zwei Löwen gehalten wird. Die sorgsam applizierten schuppenartigen Gefiederteile sind durch blaue Bemalung hervorgehoben. Dieser Pokal wurde dem Kaufbeurer Patrizier Georg Hörmann von Gutenberg, der ein angesehener Mann im Dienst der Augsburger Fugger war, vom Kaiser als Ehrengabe geschenkt.
Ein bedeutendes Exemplar aus der gleichen Zeit hat zu Beginn der 20er Jahre die Justus-Brinckmann-Gesellschaft Hamburg erworben (Bericht 1921/22): die sogenannte Kurfürsteneule (H. 27,5 cm). Auf der Brust des Eulenkörpers ist das kaiserliche Wappen appliziert, darüber die Krone. Die kleineren Wappenschilder der sieben Kurfürsten sind wie ein Kranz um den kaiserlichen Doppeladler gelegt.
Man kennt eine ganze Reihe von Eulen mit Reichs- oder Kurfürstenwappen. Verschiedene Meister haben auch einzelne Fürstenpersönlichkeiten als Porträt oder durch ihr Wappenschild festgehalten.
Ein eher bürgerlicher Charakter kommt der sogenannten Tell-Eule zu, die sich im Besitz des Berliner Kunstgewerbemuseums befindet (vgl. Otto v. Falke). Auf der Vorderseite ist ein modelgeformtes Relief angebracht, ein Liebespaar mit einem Narren. Rückseitig ist der Tellschuß aufgemalt. Vielleicht diente diese Eule als Preis bei einem Schützenfest. Stilistisch sind Vorlagen des Nürnberger Dürerkreises anzunehmen, die ja auch vielen Kacheln von Öfen im süddeutsch-alpenländischen Raum als Muster gedient haben.
Nachbildungen von Eulengefäßen des 16. Jahrhunderts kennt man bis ins 18. Jahrhundert. Vermutlich war auch die Herstellung durch Eindrücken in ein Hohlmodel üblich. Fälschungen – gekonnt in der Technik und häufig mit Datum versehen – tauchten gegen Ende des 19. Jahrhunderts auf und verursachen Kunsthändlern bis heute Probleme.
Die frühen Eulen (vor 1550) sind besonders kräftig modelliert, während die späteren flächiger erscheinen und das Gefieder oft nur durch Bemalung hervorheben.
Nicht als Trinkgefäße, sondern als Apothekertöpfe wurden jene Eulen verwendet, die man in der 2. Hälfte des 16. Jahrhunderts in Italien herstellte. Sie sind breiter, gedrungener als die deutschen Eulen und scheinen in ihren lapidaren Formen mehr als Alltagsgeräte geeignet.
Ein ebenfalls in Ton gefertigter Eulentypus sei hier nur andeutungsweise gestreift: die anonymen, sehr abstrahierten Vogelgestalten mit der Funktion von Kinderspielzeug (Benker 1989, S. 9ff. u. S. 23f.). Diese Pfeiffiguren (Tongefäßflöten) bringen mit Hilfe einer Anblasvorrichtung, Windkanal und Windkammer einen oder mehrere Pfeiftöne hervor. Man hat diese Eulen – neben anderen Vogelgestalten – seit prähistorischen Zeiten quer durch die Länder und Jahrhunderte hergestellt.

Tell-Eule mit Liebespaar auf der Vorderseite, Tellschuß auf der Rückseite
Schweiz, Mitte 16. Jh.
Kunstgewerbemuseum Berlin

Eulenpokal, Silber vergoldet,
Augen Bernstein, Ulm um 1600
Bayerisches Nationalmuseum
München, Sammlung Thyssen

Recht verschiedenartig in Form und Größe (von 9 bis 40 cm, meist aber unter 20 cm Höhe) fallen die *metallenen Eulenpokale* aus. Viele stammen aus den großen Reichsstädten Augsburg, Nürnberg, Ulm, auch aus den Schweizer Städten Zürich und Basel und aus dem niederländischen Gent. Die Mehrzahl wurde während des Jahrhunderts zwischen 1550 und 1650 hergestellt, wobei die aus Silber gefertigten überwiegen. Man weiß von ungefähr 50 Objekten – weit verstreut in Museums- und Privatbesitz, sowie von mehreren Fälschungen aus späteren Jahrhunderten.
Diese Eulen waren häufig mit schmückenden Zusätzen am Ständer oder an den Flügeln versehen, die hin und wieder sogar durch einen eingebauten Mechanismus bewegt werden konnten. „Bei den meisten derartigen Arbeiten sorgte ein Laufwerk dafür, daß das Gebilde auf dem Tisch umherfahren konnte. Der Tafelgenosse, vor dem es – gefüllt mit Wein – stehenblieb, mußte es austrinken, bevor es, neu gefüllt, seine nächste Fahrt über den Tisch aufnahm. Von komplizierten Gebilden wurden Pfeile und Speere abgeschossen, Strahlen von Flüssigkeiten verspritzt." (Meinz S. 14)
Auch silberne Glöckchen und eingebaute Flöten sorgten für das Tischvergnügen. Solche Mechanismen waren im 16. Jahrhundert sehr beliebt. Man weiß von einem Eulenbrunnen in den Gärten der Villa d'Este, an dem eine Eule und andere Vogelfiguren angebracht waren und durch fließendes Wasser bewegt wurden. Sobald sich die Eule den Vögeln zuwandte, verstummten sie, wenn sie sich abwandte, setzte ein fröhliches Pfeifkonzert ein (vgl. Ch. Thacker, Die Geschichte der Gärten, Zürich 1979, S. 19).
Silbereulen-Pokale wurden nicht nur durch (Halb-) Edelsteine bereichert – vor allem das Gesicht –, sondern auch durch Vergoldungen. Auf manchen Pokalen konnten die Beschauzeichen und Meistermarken identifiziert und so die Stücke einer bestimmten Werkstatt zugewiesen werden. So war es beispielsweise möglich, die silbervergoldete Eule aus der Sammlung Thyssen (Bayerisches Nationalmuseum München) durch das Meisterzeichen der Werkstatt Käßborer, Ulm, zuzusprechen. Dieser um 1600 geschaffene Pokal ist mit gravierten Schraffuren (Gefieder) und Augen aus Bernstein kostbar dekoriert.
Unterschiedlich sind die Ständer der geschmiedeten Eulen-Pokale gestaltet: Es wurden sowohl breite, gebuckelte Standringe gearbeitet, als auch schmale Scheiben, völlig stützenlose bzw. nur auf dem Schwanz (Stoß) und den Füßen ruhende Eulen. Manche besaßen einen hohen, schmalen Standfuß, andere Tiere erscheinen auf einem querliegenden Ast aufgebockt. Wahrscheinlich hat man den profilierten Ständer beim Trinken mit den Händen umfaßt und wie einen Henkel benützt (vgl. Wirth in RDK Sp. 326–328). Ein Unterschied besteht auch im Grad der Stilisierung.

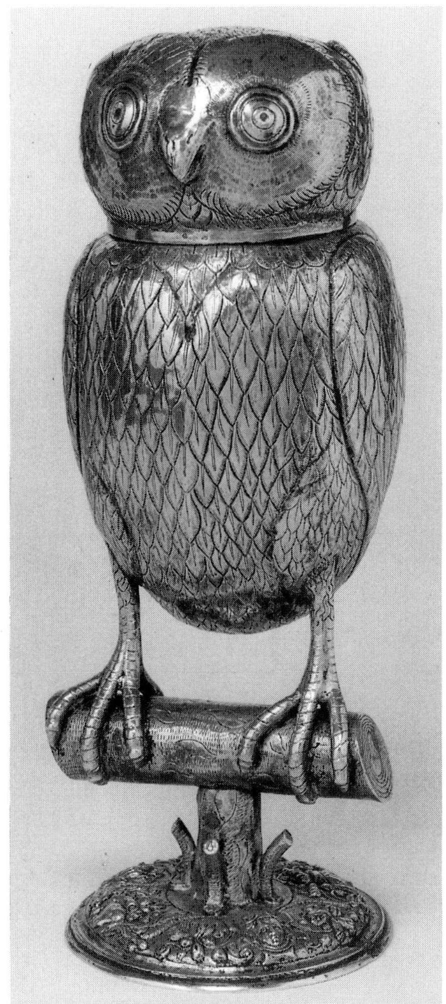

Eulenpokal, Silber, 16. Jh.
Bayerisches Nationalmuseum
München

Eulen-Gefäß aus Bergkristall,
Mailand um 1580, Werkstatt der
Sarachi
Grünes Gewölbe Dresden

Das Ende der großen Zeit eulengestaltiger Gefäße war gekommen, als man begann, die Tiere als reine Plastik zu formen, also Eulen in bloßer Zier- und Prunkfunktion.
Als besonderer Glücksfall gilt es, wenn über Archivalien oder Umschriften Herkunft und Verwendungszweck belegt werden können, wie z.B. bei der „Eule von Peine", die sich im Museum von Hannover befindet. Sie ist 24 cm hoch und trägt auf der Brust ein Wappen mit der Umschrift: „Ein erbahr Rahdt der Stadt Peine 1661"; das Braunschweiger Beschauzeichen und die Meistermarke AW sind zu erkennen. Dazu fand man den entsprechenden Aktenbeleg: „Eine silberne Uhlen von Brunswig machen lassen und dem Herrn Obersten › d. i. der militärische Stadtkommandant ‹ in angelegenen Sachen verehret worden und wieget diese Uhlen 36 1/2 Lohtt, macht das Silber 18 Thaler 9 Mgroschen, vor jedes Lohtt zu machen 5 1/2 mgr, ist das Macherlohn 5 Thaler 21 mgr, thut zusammen für Silber und Macherlohn 23 Thaler, 30 mgr." (nach Redslob 1912, S. 37f.)
Neben Ton und Metall – sehr selten sind Eulenpokale aus Bronzeguß und aus Bergkristall – wurde auch ausgesuchtes Maserholz zur Herstellung verwendet, vornehmlich in der Schweiz: Der Körper ist gedrechselt, Flügel und Kopfteile geschnitzt, Ständer und Schnabel sowie der Mundrand und andere Kleinteile aus Silber montiert.
Die Renaissance war eine Zeit großer Entdeckungen und phantastischer Erfindungen, neuer Fernrouten in fremde Länder, eine Zeit, die Freude an exotischen Materialien hatte. Diese Gier nach Neuem macht sich auch in der Tischkultur bemerkbar, in unserem Fall in der Verwendung ungewöhnlicher Werkstoffe wie Kokosnuß oder Straußenei. Dabei diente die dem Vogelkörper in Farbe, Form und rauher Außenseite ähnelnde Nuß als eigentliches Gefäß; sie erhielt – ebenso wie das gekappte Straußenei – eine silberne Montierung und wurde mit einem geschmiedeten Silberkopf versehen.
Wie lange man das Trinken aus Eulen praktizierte, bezeugt ein – zwar heute realiter nicht mehr vorhandener – „Kauz" aus dem mainfränkischen Städtchen Ochsenfurt: Der silberne Pokal, der drei Maß faßte, diente als „Willkomm" für die Würzburger Domherren, die allherbstlich zum Einnehmen des ihnen zustehenden Zehnten nach Ochsenfurt kamen und dort vergnügliche Tage zubrachten. Jeder, der den Pokal auf einen Zug leeren konnte, trug sich in ein Gästebuch, das sogenannte „Kauzenbuch" ein, meist mit spaßigen Sprüchen und Zeichnungen (v. Freeden):
„O Kauz, du bist ein arges Thier,/ Du thust die Köpfe erhitzen,/ Wer sich nit fleißig hüt vor Dir,/ Kann bei Dir bleiben sitzen." (1731)
„Wenn dieser Kauz ein Käuzchen wäre,/ ich tränk ihn leer bei meiner Ehre." (1734)
„Probier mich, dann urtheil mich." (1622)

„Ich hab getrunken den Kauzen aus,
Worüber mich kam aber ein grauß,
Daß ich so viel soll thrinken wein,
Welcheß bei dritthalb maß muß sein!“
„Wenn der Kauz ein Käuzlein wär,
Liebte ich ihn nicht so sehr.“ (1782)
„Das Schreien des Käuzleins schreckt alberne Weiber,
Sie fürchten und meinen, es bringe den Tod.
Wir Männer sind klüger und lassen es schrein,
Sind munter und lustig beim guten Glas Wein.“

Die Einträge wurden meist in vorgerückter Stunde getätigt und sind oft unleserlich. Wetten über die Trinkfestigkeit wurden abgeschlossen.

Folkloristische Kauzenkrüge in Erinnerung an den Eulenpokal, Ochsenfurt, 2. H. 20. Jh.

Titelseite aus dem „Ochsenfurter Kauzenbuch“, das die Würzburger Domherren bei ihren herbstlichen Besuchen in Ochsenfurt von 1611 bis 1802 führten.
(Nach v. Freeden)

Als das Kauzenbuch im Jahre 1611 gestiftet wurde, war der Pokal bereits einige Zeit in Gebrauch. Er soll eine Würzburger Arbeit aus der 2. Hälfte des 16. Jahrhunderts gewesen sein. Mit dem Ende der fürstlichen Herrschaft 1802 verschwand auch der Kauz. Das Buch blieb erhalten und wird im Mainfränkischen Museum Würzburg verwahrt. Von dem Stadtphysicus der Jahre 1787 bis 1796, Dr. Sinner, findet sich auf dem Vorsatzblatt des 2. Bandes folgender Prolog eingetragen:

Kauzens Unterschied

Ehemals war zu Athen das Käuzlein der Pallas gewiedmet,
aber zu Ochsenfurth hier war es dem Bachus geweiht.
Räthselhaft scheint es zu sein: Ich wag es, das Räthsel zu lösen.
Schwer wird es halten, wähnst du? Horche, ich wage es dreust!
Weise studierten dort spät in der Nacht, die Wahrheit zu forschen.
Drum wars Käuzlein daselbst dir, o Minerva, geweiht:
Aber hier schlürft man bis spät in der Nacht den Wein aus dem Kauzen.
Billig weiht Ochsenfurt dir, Bacchus, das Käuzlein als Bild.
Nüchterne Weise Athens mit köpfen voll nichtiger Weisheit
Thaten auf Wissenschaft groß, waren verbrannt im Gehirn.
Wir zu Ochsenfurt hier sind klüger und denken solider.
Sind wir auch nicht so gelehrt, sind wir doch bieder und deutsch.

Die Eule im Volksglauben, in Sage und Märchen

In Süditalien gibt es eine volkstümliche Meinung über die Eule, die besagt: „Sie bringt Glück, wo sie sich niederläßt, Unglück, wo sie hinschaut.“ Ähnlich sprunghaft geht der Volksglaube in anderen Ländern mit dem Nachtvogel um. Das Wesen der Eule zu bestimmen, gelingt dem Gelehrten nicht, und es versagt sich der Deutung des einfachen Mannes. Die Ängste und Erwartungen, die sich mit dem Vogel verbinden, entstammen einer menschlichen Existenzschicht, an die weder philosophische Gelehrsamkeit heranreicht, noch der schlichte Glaube. Die Volksmeinung über die Eule verbreitet weithin Aussagen, die in ihrer Widersprüchlichkeit kaum zu fassen sind.

Glücksbringer

Bei den Römern war es wichtig, von welcher Seite der Eulenvogel erschien; für günstig wurde es erachtet, wenn er von rechts angeflogen kam. Die römischen Auguralbücher enthielten Anweisungen zur Auslegung des Vogelfluges. Mehrere Schriftsteller betonen die Bedeutung des Fluges und des Rufes für das Gemeinwesen.

In den Fabeln des griechischen Dichters Aesop, die in vielen Variationen durch die Jahrhunderte wanderten, liegt die Betonung auf der Einsicht der Eule in Zusammenhänge und der daraus resultierenden Voraussicht: Die Eule rät den anderen Vögeln, die Eichen auszurotten, denn auf ihnen wüchsen später die Misteln, die wiederum den verhängnisvollen Vogelleim lieferten. Die Eule weiß auch, daß aus Lein (Flachspflanze) die Netze für den Vogelfang geflochten werden und legt den Vögeln daher nahe, die Leinsamen zu vertilgen. Aber die Vögel in ihrer Kurzsichtigkeit verlachen die Eule und müssen dafür schwer büßen.

Die antiken Anschauungen lebten zur Zeit der Renaissance wieder auf; und so verwundert es nicht, daß im 16. Jahrhundert für die Herrscher Europas das rechts anfliegende Käuzchen einen Anreiz bedeutete, gemeinsam gegen die Türken Krieg zu führen, wie es bei P. Castalius 1555 dargestellt ist: „Vereinigt eure Heere und zieht gemeinsam gegen die Türkenstädte, ihr Könige; euch erwarten die höchsten Siegestrophäen. Seht die sichere Prophezeiung eines erhofften Triumphes: von rechts fliegt das Käuzchen an euch vorbei.“ (Henkel/Schöne Sp. 892)

Den Römern bedeutete es Glück, wenn die Eule von rechts anflog. Den deutschen Königen sollte dieses Zeichen Aufmunterung beim Krieg gegen die Türken sein.
P. Castalius 1555

In Ägypten kam der Zwergohreule und dem Steinkauz durch frommen Brauch geübtes Ansehen zu. In Athen genoß der Kauz uneingeschränkten Schutz als Symbol der Pallas Athene, die hin und wieder sogar eulengesichtig dargestellt wurde. Auf der Burg hausten Eulen in so großen Mengen, daß der Komödiendichter Aristophanes in seinem Stück „Lysistra" die auf der Burg belagerten Athenerinnen jammern läßt: „O weh, uns Arme bringen noch die Eulen um,/ Den Schlaf uns raubend mit dem ewigen kikkowau." (Keller S. 41)
Die Römer übernahmen die Göttin Athene als Minerva in ihren Götterhimmel, und Schriftsteller der Renaissance besingen die Eule auf dem Schild der Minerva:
„Nocte vigent sensus; hinc est sacrata Minervae
Noctua, quae triplici lumine nocte videt."
(Schoonhovius 1594; In der Nacht sind die Sinne geschärft, deshalb ist die Eule, die bei Nacht dreifache Sehkraft hat, der Minerva heilig.)
Auch der thronende Göttervater Zeus ist auf Plastiken mit erhobenem Arm, auf dem eine Eule sitzt, abgebildet. (Vgl. O. Jahn S. 207, Nr. 645)
Im ganzen Umland von Athen galt das Käuzchen als Glücks- und Siegeszeichen; auf Münzen und Vasenbildern hat es einen Ast oder Kranz des Ölbaums in den Klauen, Sieg verkündend. Auch die Schlacht von Salamis soll es günstig beeinflußt haben, indem es sich im Takelwerk der atti-

Die Geister der Nacht entfliehen mit den Sternen. Lateinischer Text: Tandem Eos optata Diu; nimiumque cupita, Di Seussura nigrae taedia noetis ades. – Lang ersehnte Morgenröte, endlich erscheinst du, um den Überdruß an der schwarzen Nacht zu vertreiben. Jacques Callot (1592 – 1635), Radierung Staatliche Graphische Sammlung, München

schen Schiffe niederließ und die Seeleute anfeuerte. (Vgl. Keller S. 40f., Stempflinger S. 69, Pauly-Wissowa 6, 1065, 36ff.)
Die Idee der Eule als Glückszeichen hat sich über 2000 Jahre in der Volksmeinung halten können: Glück soll es bringen, wenn sich die Eule in einen Taubenkobel flüchtet. Sie kann die glückliche Geburt eines Kindes voraussagen. Ihre Schlafliebe geht auf schreiende kleine Kinder über, wenn man Eulenfedern unter ihr Kopfkissen legt. In Pommern bindet man tote Eulen auf den Rücken des Pferdes, um zu verhindern, daß das Tier krank oder verhext wird. In der Oberpfalz näht man Eulenfedern ins Brautkleid ein. Das Herz der Eule bringt Glück im Spiel (HdA, Sp. 1074f.).

Nacht- und Totenvogel

Weit häufiger als mit gutem wird die Eule in der Volksmeinung mit negativem Vorzeichen bedacht. Zunächst fällt die Eigenart des Vogels, dann lebendig zu werden, wenn sich Mensch und Natur schlafen legen, unangenehm auf. Sagen und Märchen suchen dies zu erklären. Das mittelalterliche Tiermärchen von dem kleinen Vogel, der den Adler überlistet und zum König gewählt wird, erscheint bei den Brüdern Grimm in neuer

Fassung: „Die Vögel wollen den Zaunkönig nicht anerkennen, sie stellen die Bedingung, daß nur der König sein soll, der am tiefsten in die Erde fallen könne. Da schlüpft der Zaunkönig in ein Mausloch und ruft wieder: ‚König bin ich!‘ Nun wollen die Vögeln ihn aushungern. Sie bestellen die Eule als Wächter. Aber sie kann sich des Schlafes nicht erwehren, und der Kleine läuft weg. Seit der Zeit fliegt die Eule nicht mehr am Tage und ist den Vögeln verhaßt, und der Zaunkönig lebt in den Zäunen und Hecken.“ (von der Leyen S. 241, KHM 171)

Warum die Eule am Tage so passiv erscheint, diese Frage hat die Volksphantasie immer wieder beschäftigt. Selten sind wohlwollende Deutungen. In der Pfalz ist die Legende verbreitet, Jesus habe, als er in der Wüste lebte, mit einer Eule zusammen eine Höhle bewohnt. Von ihren täglichen Beuteflügen kam die Eule selten mit Nahrung zurück. „Da fragte sie der Herr, weshalb sie nicht bei jedem Flug erfolgreich wäre. ‚Ich bin ein häßlicher Vogel. Wenn mich die anderen Vögel sehen, verspotten sie mich so laut, daß die Mäuse in ihren Löchern verschwinden.‘ – ‚So wirst du also kaum jemals satt?‘ – ‚Ja‘, meinte die Eule, ‚ich faste so wie du, Herr, und bin mit dem zufrieden, was ich bekomme.‘ Da hatte Jesus Mitleid mit der armen Kreatur, strich mit der Hand über die trüben Augen des Vogels, und seitdem jagt die Eule in der Nacht, wenn die anderen Vögel schlafen.“ (Carl S. 49)

Eule als Emblem des Aberglaubens
Iconologie, Wien 1791

Tiere, die in der Dunkelheit leben, wie etwa die Fledermaus oder die Kröte, empfinden die meisten Menschen als unheimlich und verdächtig; so auch die Eule, die durch ihr geisterhaftes, lautloses Gleiten durch die Nacht Mensch und Tier erschaudern macht. Im Dunkeln fühlt man sich verwundbar durch unvorhergesehene Attacken.

In einem Schwank aus dem 16. Jahrhundert ist die Eule ein gewaltiges Ungeheuer, das in eine Scheune flieht und durch unheimliche Laute und das aufgeplusterte Gefieder alle Leute in Angst und Schrecken versetzt. „Der tapferste Krieger, der sich in den schlimmsten Schlachten bewährt hat, steigt auf eine Leiter zum Untier hinauf, aber er wagt sich nicht weiter und kehrt zurück, und nun werden Scheuer und Eule verbrannt.“ (von der Leyen S. 312)

Neben der ehrfurchtsvollen Haltung dem Tier gegenüber stehen in allen Zeiten die Äußerungen von Furcht und Beklemmung. Im alten China hatten zeremonielle Weingefäße die Gestalt von Eulen oder zeigten Eulenornamente. Diese Gefäße dienten dem Ahnenkult (RK Sp. 271). In vielen alten Kulturen (Ägypten, Indien, Griechenland, Rom) hat die Eule bei Darstellungen des Todes oder der Grabesnähe ihre traurige Funktion. „Sehr klar ist der Sinn, wenn der Kauz neben der personifizierten Totenklage, der Sirene, gemalt ist: so auf der hier abgebildeten Lekythos, die aus dem antiken Friedhofe von Gnatia stammt.“ (Keller S. 42, Abb. Kauz als Totenvogel auf einem Salbengefäß [Lekythos]) Und im Geist der Renaissance sagt Daniel Heinsius 1580: „Noctua ut in tumulis, super

Eugen Neureuther gibt mit dieser Lithographie 1846 eine romantische Deutung des Lebens: Unwägbar ist das Schicksal. „Oft hängt grad in an Augenblick / An Mensch sei Schicksal und sei Glück.“ Die Eule verkündet den Tod des Jägers.
Staatliche Graphische Sammlung, München

utque cadavere Bubo.“ (Henkel/Schöne Sp. 891) Auf dem Grabmal des Giuliano de Medici in Florenz (Neue Sakristei von San Lorenzo, 1525 – 1531) bedeutet die Eule das Sinnbild der Nacht oder des Todes.
Nach Ovid (Metam. 15, 791 – 93) erschien die Eule vor Cäsars Ermordung, Vergil ließ sie das Ableben der Dido ankündigen. Plinius versichert, „der Uhu ist ein wahrer Unglücksvogel, namentlich für ganze Staaten von schlimmer Vorbedeutung. Sieht man ihn einmal in Städten oder überhaupt am Tage, so deutet sein Erscheinen auf ein furchtbares Unglück ...“ (nach Stempflinger S. 71)
Hildegard von Bingen, die eine gelehrte Nonne und der Volksmedizin gegenüber aufgeschlossen war, berichtet von der Eule: „Sie weiß den Tod des Menschen voraus. Sie spürt, wo Trauer bevorsteht und eilt wie ein Leichenvogel sogleich dorthin, flieht aber wieder, ehe die Trauer ausbricht.“ (Hildegard S. 112)
Joachim Camerarius warnt 1534, den Schicksalsspruch der Eule zu verachten: „Wer weise ist, verachtet nicht einfach Unglückszeichen; denn auch das Unbeachtete bringt oftmals den Tod.“ (Henkel/Schöne Sp. 892)
Shakespeare, wenn auch vorwiegend mit dem Geschick der Großen befaßt, hat doch dem Volk sehr genau „aufs Maul“ geschaut. Er spricht von der „ominous fareful owl of death“ und setzt den Eulenruf mehrfach bei Mordtaten ein. König Heinrich VI. (III. Akt, 6. Sz.) beklagt kurz vor seiner Ermordung die Umstände seiner Geburt: „The owl skriek'd at my birth, an evil sign“ (Die Eule schrie bei meiner Geburt, ein übles Zeichen).
Von der Schleiereule erzählt Buffon in seiner „Naturgeschichte der Vögel“ 1787: „Ihr unaufhörlich fortgesetztes Blasen gleicht dem Schnauben eines Menschen, der mit offenem Munde schläft. Sie stößt auch sowohl im Fluge, als wenn sie ruht, unterschiedene scharfe, dermaßen widrige Töne aus, daß Kinder, Weiber, und mit Vorurtheilen vor Gespenstern, Zaubereien und Vorbedeutungen eingenommene Leute, wenn ihre Einbildungskraft noch die Vorstellung der nahen Gräber, der Kirchen und der nächtlichen Finsterniß hinzufügt, sich der Furcht und eines schreckhaften Schauers nicht enthalten können. Sie betrachten die Kircheule wie einen Abgesandten des Todes, der ihnen lauter Trauerfälle zu verkündigen hat, und glauben, wenn er sich auf einem Hause nieder(läßt), und eine, von seinem ordentlichen Geschreie etwas abweichende Stimme hören läßt, daß er in selbigem nothwendig einen zum Opfer des Todes abrufe.“ (Buffon S. 101 f.)
In seiner Naturgeschichte weist C. G. Friderich 1876 der Volksmeinung über die Schleiereule eine nicht minder düstere Aussage zu: „Durch ihr nächtliches Treiben und ihre häßliche Stimme war sie von jeher den Furchtsamen ein Greuel, oder wohl gar ein Unheil prophezeihendes Nachtgespenst. Man hält diese Eule für diejenige, von welcher die Alten

Eule als Zeichen des Todes auf einem Sarg (nach Henkel/Schöne)

so viel abergläubisches Zeug fabelten, z. B.: sie schleiche sich an die Wiegen und säuge die Kinder mit ihrer giftigen Milch, wodurch sie verzaubert würden; auch soll sie sich wie ein Alp auf sie setzen und sie erstikken, ja sie soll ihnen das Blut aussaugen und sie tödten: Der Name strix kommt von stringere her, weil sie die Kinder zusammendrücke, ähnlich wie man alte Weiber, von denen man früher glaubte, daß sie Kinder durch Berührung oder Geschenke verzauberten, Striges (Hexen) nannte." (Friderich S. 497)

Der Schrei der Eule inspiriert Angst und weist auf den Tod hin, das bezeugen zahlreiche Volkssagen und Märchen; man gab ihr daher den Namen Toten- oder Trauervogel, Leichenhuhn, Klagemutter usw. Bei Schwerkranken, bei denen nachts gewacht wird, erscheint der Waldkauz häufig am Fenster, angezogen durch das Licht, das ihm Insekten als Nahrung verheißt. Der Mensch aber nimmt sein Auftauchen als schlimmes Vorzeichen und hört aus seinem „Kiwitt"-Ruf ein „Komm mit!" (Wuttke S. 202)

In das Treiben der Hexen mischen sich die Eulen. David Tenier der Jüngere (1610 – 90)
Bayer. Staatsgemäldesammlung München

Die Radierung von Ludwig Richter (1803 – 84) weist die Inschrift auf: „Willst Du das Innre der Natur ergründen, / Frag sie nur selbst, sie wird es Dir verkünden.“ Die Nachtseite kündet von Tod und Zauber: Unter einer Hexe sitzt die Eule auf dem Totenkopf.

In der „Bedrohlichen Begegnung“ von Bernd Hieke ist der Uhu das Symbol des übermächtigen Terrors. Greiz/Thüringen 1990

Vernimmt man den Ruf bei Tage, so künden sich Tod, Seuche oder Feuersbrunst an. Dem Menschen der Antike war der Uhu ein Brandvogel. Seine leuchtenden Augen schienen Feuer auszuatmen. Auf älteren griechischen Darstellungen sind die Augen der Eule mit einem Strahlenkranz umgeben. Die antike Vorstellungswelt lebte in mittelalterlichen Traditionen fort, erstand in der Renaissance zu neuem Leben und wurde in den folgenden Jahrhunderten vulgarisiert.

Die numinose Eule wird zum Dämon, zum Zauberer, zur Hexe. Als sich einmal ein Uhu in die Cella des Kapitols verirrt hatte, mußte eine feierliche Reinigung mit Wasser und Schwefel vollzogen werden, um das Heiligtum wieder benützbar zu machen. Plinius, der das berichtet (X, 360), mokiert sich bereits über solchen Aberglauben. Doch blieb dieser zwei Jahrtausende hindurch unausrottbar, in irrationalen Tiefen des Gemüts verankert.

Die Artussage, die um 500 n. Chr. im britischen Raum entstanden war und bis zur Spätromantik durch Europa geisterte, kennt die Gestalt des Magiers Merlin als ständigen Begleiter und Ratgeber des Königs. Signifikant sitzt auf seiner Schulter die Eule Archimedes. Auf Hexenversammlungen darf die Eule nicht fehlen; sie dient als Bote. Ihr Geschrei mischt sich in das Lärmen der Wilden Jagd und mancher kreischender Nachtgeister.

Der Teufel und seine Großmutter: beide vermögen sich der Eulengestalt zu bedienen, um böse Absichten zu verwirklichen. Die Deutung der Eule als Satansvogel zieht sich bis in die Gegenwart herein. Der zeitgenössische polnische Maler Stach hat 1983 eine „Hölleneule“ geschaffen, die wie ein apokalyptisches Tier aus der Hölle gegenwärtiger Leiden herauswächst. In einer Lithographie (1990) des Greizer (Vogtland) Künstlers Bernd Hieke richtet ein teuflischer schwarzer Uhu sein starres Auge auf einen kleinen, verlorenen, sich vor ihm krümmenden Vogel: Symbol eines teuflischen Terrors, der ein Jahr zuvor noch Wirklichkeit in der DDR war!

Der im Märchen so häufig beschworene Verwandlungszauber betrifft auch die Eule, sowohl aktiv als auch passiv. Entweder treten Hexen oder sogar Teufel in Gestalt dieses Nachttiers auf, oder es geschieht, daß Gott den Menschen bestraft, indem er ihn in eine Eule verwandelt. Das gilt in erster Linie den untreuen, unzüchtigen oder geizigen Frauen. Berühmt geworden ist jene in eine Eule verwandelte Bäckerstochter, die Shakespeare von Ophelia zitieren läßt; der Erzählstoff ist viel älter: Jesus habe in einem Bäckerladen nach einem Laib Brot gefragt, die Tochter des Hauses diesen aber verweigert, worauf sie sofort zur Eule verwandelt wurde. Varianten dieser Legende sind in verschiedenen Ländern bekannt.

Die Wolfsschlucht nach der Oper von C. M. v. Weber: Der Teufel wird von Eulen begleitet.
Neue Dekoration für Kindertheater, 2. H. 19. Jh.
Jos. Scholz Verlag Mainz
Stadtmuseum Holzminden

Karl Knortz (1913) weiß von teuflischen Manipulationen in einer sächsischen Stadt: „Im Hofe eines Hauses auf der Petersstraße zu Leipzig ist in einer kleinen Nische eine Eule zu sehen, es ist dies das Wahrzeichen einer argen Geschichte, welche sich in früheren Zeiten zugetragen hat. Es war nämlich einmal ein Haushüter oder Schließer in dem Hause, welcher so verschlafen war, daß er beim besten Willen nicht erwachte, wie stark auch die Inwohnenden, wenn sie nachts nach Hause kamen, an die Türe donnerten. Weil dieselben nun, und oft bei schlimmem Wetter lange har-

Flammend und bedrohlich wirken die „Eulen“ von Hermann Peter Klöpfer, 1969. Wachs, gekratzt

Der polnische Maler Stach hat mit seiner „Hölleneule“ 1983 ein apokalyptisches Tier geschaffen, das aus den Leiden der politischen Gegenwart steigt.

Böse Frauen ähneln Eulen oder werden in solche verwandelt. „Jungfer Meil“ hat die kennzeichnende Eule über ihrem Türschild. Ludwig E. Grimm 1820 Staatliche Graphische Sammlung München ren mußten, so beschwerten sie sich bei dem Hausherrn und brachten es dahin, daß derselbe dem Schließer drohte, ihn bei dem nächsten Versehen aus dem Dienste zu jagen. Darüber war der arme Schließer voll Kümmernis und sann hin und her, wie er sich munter erhalten könnte, konnte aber nichts ersinnen. Weinend sah er die Nacht nahen; um Mitternacht aber kam ihm ungehofft Hilfe. Zu ihm trat in schlichter Tracht und mit freundlichem Gruße der Fürst der Hölle und versprach ihm, jede Nacht in Gestalt einer Eule für ihn zu wachen und ihn zu wecken, so oft jemand Einlaß begehre. Dafür verlangte er vorderhand gar nichts und nach zehn Jahren erst die Seele des Schließers. Dieser sträubte sich lange gegen solchen unchristlichen Vertrag, zuletzt aber siegte doch die Lust, ruhig und sorglos sich satt schlafen zu können und er willigte ein." Natürlich nahm es mit dem Armen ein böses Ende (Knortz S. 132f.).

Abwehrzauber

Den Hexen- und Teufelsvogel sucht man durch einen Gegenzauber unschädlich zu machen. Häufig beschrieben, heute aber kaum mehr zu sehen, ist das Annageln der Eule mit gespreizten Flügeln an Ställen und Scheunen. Gegen Feuer und Blitz, Behexung und alles denkbare Unglück sollte der Vogelbalg helfen. Es scheint sich bei den ausgebreiteten Schwingen um einen Abwehrzauber zu handeln, um einen apotropäischen Gestus (Kriss-Rettenbeck 1966, S. 98, Abb. 201: Schleiereule am Scheunentor, Sizilien).

In Frankreich scheint dieser Glaube an den Abwehrzauber der Eule besonders weit verbreitet und bis ins 20. Jahrhundert herein fester Bestand der Volksmeinung gewesen zu sein. Beispiele finden sich in der Literatur. Der französische Film „Freibeuter der Macht" spielt während der Revolution um 1789 in der Bretagne. Gleich die erste Szene zeigt, wie eine lebende Eule über die Tür genagelt wird, ausdrücklich mit der Begründung, in dem Haus sei eine gebärende Frau, und auch eine Kuh erwarte ein Kalb. Als der aufgeklärte Herr die Eule befreit, stirbt prompt seine Gattin bei der Geburt.

In Gustave Flauberts Erzählung „Bouvard et Pécuchet" (Erstausgabe 1881, Paris 1954, S. 371) bemühen sich die übers Land wandernden Freunde, gegen allerhand verderblichen Aberglauben der Bauern anzugehen, z.B. gegen falsche Ernährung der Kleinkinder, gegen verschiedene volksmedizinische Praktiken. „Immer wenn sie über einem Tor eine gekreuzigte Eule bemerkten, gingen sie in den Bauernhof hinein und sagten: Sie irren sich, diese Tiere leben von Ratten, von Feldmäusen; man hat im Magen einer Eule eine Menge Raupenlarven gefunden." Es wird also die Nützlichkeit gegen die Überzeugung von der Verderben bringenden Wirkung des Vogels gesetzt.

Wie allgemein die Vorstellung von den angenagelten Eulen um diese Zeit war, bezeugt auch die bei André Theuriet („Le Mariage de Gérard“, Paris 1875, S. 147) geäußerte Drohung: „Beeile dich, klar zu sprechen, sonst reiße ich dir deine hündische Zunge aus und nagle sie zwischen zwei Eulen an das Tor meiner Walkmühle.“

Und ein weiterer Beleg bei Erckmann-Chatrian („Contes choisis“, Paris 1923, S. 222): „Manchmal erschien in der Dämmerung eine alte Frau, so alt, daß man hätte sagen können, eine dieser gerupften Eulen, die die Bauern über ihre Scheunentore nageln“, damit beutegierige Vögel, die um den Hühnerstall streichen, aus Angst vor dem gleichen Schicksal fernbleiben. Auch in der Grafik des 19. Jahrhunderts finden sich Darstellungen des Vorgangs, so etwa bei Charles Meryon: Eine Radierung („Le haut d'un battant de porte“) zeigt eine Stallwand mit drei gekreuzigten Eulen.

Vermutlich wurden auch die Eulenbilder auf dem Kärntner Bienenstockbrettchen zum Zweck, Unheil vom Bienenhaus abzuwehren, geschaffen.

In der Ausstellung „De Greco à Picasso“, Paris 1987/88, war ein Velazquez zugeschriebenes Gemälde zu sehen (um 1625), das verschiedene Jagdtrophäen darstellt, über die ein Uhu mit gebreiteten Schwingen genagelt ist. Während die Köpfe der anderen Tiere durch geschlossene Augenlider andeuten, daß sie die „ewige Ruhe“ friedlich hinnehmen, sendet der Eulenvogel einen bannenden Blick dem Betrachter entgegen und streckt die Läufe aggressiv nach vorne. Wen schützt er, wen soll er erschrecken?

Es ist ein alter Volksglaube, der quer durch die Völker geht, daß man sich die Eigenschaften dessen, den man verzehrt – zumindest teilweise verzehrt – einverleibt. Man hoffte, die erstaunliche Nachtsichtigkeit der Eule zu erlangen, wenn man die Asche aus ihren Federn, vermischt mit Pflanzensaft, auf die Augen legte. In Nordindien soll man in gleicher Absicht sogar die Augäpfel des Vogels gegessen haben (Weinstein S. 29). Überhaupt hat man seit antiken Zeiten Eulen als Leckerei und als Heilmittel verspeist. Gehirn und Herz waren magische Mittel gegen Räude, Kopfschmerzen und Wunden. In der griechisch-römischen Überlieferung war Medea damit befaßt, die Innereien von Käuzen und das Herz eines Uhus zu einem Zaubertrank zu mischen (nach Seneca).

Die drei Hexen in Shakespeares „Macbeth“ stellen einen Höllenbrei zusammen unter Verwendung des Flaums einer Eule: „Eidechsbein und Flaum vom Kauz:/ Mächt'ger Zauber würzt die Brühe,/ Höllenbrei im Kessel glühe.“ (4. Akt, 1, 12f.)

Aus Polen wird die Meinung überliefert, daß angesengte Eulenfedern ebenso gegen Rheumatismus helfen wie gebackenes Eulenfleisch (Weinstein S. 63).

Eulenrezepte und Eulenkuren sind mehrfach belegt. Plinius schreibt in seiner Naturkunde, daß das Hirn oder die Leber der Eule, mit Öl ver-

Bauern nagelten Eulen mit ausgebreiteten Schwingen über die Scheunentore, um Feuer und Behexung abzuwehren.

Eulen wurden auf Bienenstockbretter gemalt, um Unheil vom Bienenvolk fernzuhalten, Kärnten 19. Jh.

Die Eule opfert sich für ein krankes Kind, indem es die epileptische Krankheit auf sich nimmt. Johannes Sambucks 1584

mengt und ins Ohr eingeführt, Ohrenschmerzen lindere. Blutungen können angeblich gestillt werden, wenn man eine Zwergohreule in Öl koche, mit Schafmilchbutter und Honig vermenge und auftrage (Weinstein S. 65).

Hildegard von Bingen, die an dem Vogel sonst nichts Gutes läßt, räumt ein: „Eine Salbe aus dem Schmalz des Vogels hilft, gemischt mit einem Dekokt von Reinfarn und Baumöl, paralytischen und gichtkranken Menschen", und vom Uhu weiß sie: „Sein Schmalz trocknet Geschwülste aus, wenn man es als Salbe aufträgt, sonst taugt nichts von ihm als Heilmittel." (Hildegard S. 113)

Konrad von Megenberg behauptet, „ir flaisch (ist) guot den kranken glidern, diu daz paralis geslagen hat." (Megenberg S. 209) „Gegen Fraiseln (Convulsiones) räuchert man in Steiermark das Kind mit dem Kopf einer Nachteule; eine Salbe aus Asche von ihrem Kopf ‚benimpt das milzwee'; das Schmalz mit Oel übergestrichen treibt das viertägige Fieber aus; Entenblut und -brühe helfen der engen Brust und schwerem Atem; die Leber mit Oel eingegossen ist gut für den Ohrenmuckel (Mumps). Pulver von gedörrten E.en mit dem Schmalz eines Wildschweines gibt eine gute Gichtsalbe. Auch das Annageln von E.en ist gut gegen Seuchen." (HdA Sp. 1046)

Trägt man das Herz und den rechten Fuß eines Käuzchens unter der Achsel bei sich, so ist man vor Hundebiß geschützt (Wuttke S. 124). Wenn man um Mitternacht ein Käuzchen hört, wird man vom Fieber befreit, glaubte man in Böhmen (Wuttke S. 354).

Hilfe kann der Nachtvogel auch leisten, indem er ein Übel auf sich zieht. So belegt ein Kupferstich die Geschichte eines epileptischen Kindes, das durch einen Uhu geheilt wurde, und der Humanist Johannes Sambucus (Wien 1584) deutet dies in seinem Werk „Emblemata" folgendermaßen: „Man nimmt eine verborgene Übereinstimmung zwischen den Arzneien und den Krankheiten an, ohne die kein Heilmittel (etwas) vermag ... So zieht der Bernstein die Spreu, der Magnet die Metalle an, und der Uhu hilft gegen epileptische Anfälle. Wenn diese schwere Krankheit die zarten Kinder plagt, nimmt (der Uhu), mit den Händen berührt, das Übel an sich, und indem er das verborgene Gift ganz in sich selbst leitet, geht er zugrunde und bringt gleichsam aus Mitleid Hilfe." (nach Henkel/Schöne Sp. 898)

Derlei magische Sympathie-Heilungen sind im volksmedizinischen Bereich auch in anderem Zusammenhang üblich. Es paßt sehr gut zu der Vieldeutigkeit der Eule, daß sie sowohl schreckliche Emotionen wecken, als auch dankbare Gefühle für erlangte Hilfe hervorbringen kann.

Der Adler und die Eule

Fabel von Jean Lafontaine

Ein Ende machten Eul und Aar verjährten Zwisten
So gründlich, daß sie gar sich küßten;
Auf Königswort schwur der, jene auf Kauzenwort,
Sich ihre Jungen nie zu würgen mehr hinfort.
„Kennst du die Meinen?" – fragt Minervens Vogel eben.
„Nein" – sagt der Aar. „O weh!" – spricht traurig jene drauf –
„So geb ich alle Hoffnung auf;
Am Zufall nur hängt dann ihr Leben!
Du bist ein König. Wer und was, das fragst du nicht;
Göttern und Königen erscheinen alle Dinge,
Was man auch sage, gleich geringe.
Aus ist's mit meiner Brut, kriegst du sie zu Gesicht!" –
„Beschreib sie mir" – sagt drauf der Aar – „und fürchte nicht,
Daß ich sie je zu Schaden bringe." –
Die Eule drauf: „Sie sind gar hübsch und wohlgebaut,
Vor allen andern nett, so zierlich, ach! und traut;
Erkennen wirst du sie sogleich an diesem Zeichen.
Vergiß es mir nur nicht, merk dir's in aller Huld;
Laß nie die Unglücksparze schleichen
Sich in mein Haus durch deine Schuld!" –
Gesegnet ward der Kauz mit reichem Kinderglücke.
'nes Abends – noch war er vom Ausflug nicht zurücke –
Bemerkt der Aar mit scharfem Blicke
In einem hohlen Felsenstücke
Oder in einer Mauerlücke –
Genau weiß ich nicht, wo es war –
Von kleinen Scheusaln eine Schar,
Griesgrämig, garstig und die Stimm einer Megäre.
„Das ist" – spricht da der Aar – „nicht unsres Freundes Brut.
Schnapp weg!" – Wie sich der Schelm dran labt und gütlich tut!
Man sagt, daß nie sehr schmal des Adlers Mahlzeit wäre.
Die Eule kehrt zurück und findet, ach! ein Grab,
Von ihren Kleinen nur die Beinchen in der Mauer;
Sie weint und klagt, sie ruft der Götter Zorn herab
Auf ihren Feind, der sie versetzt in solche Trauer.
Da sagt ihr einer: „Dich, ja dich, beschuld'ge bloß,
Oder das allgemeine Los
Vielmehr, daß jedem stets die Seinen
Schön, gut und liebenswert erscheinen.
Ob deiner Kinder Bild, das du entwarfst dem Aar,
Nur im geringsten ähnlich war?"

In den Fabeln von Jean Lafontaine (1621 – 95) verkörpern „Der Adler und die Eule" sowie „Die Mäuse und die Eule" in humorvoller Weise menschliche Charakterfehler (Eitelkeit, Selbstsucht).

Fab. 3.

Ein verstellter Freund ist schädlicher, als ein offenbarer Feind.

EIne wilde Katze und ein paar Füchse hatten die Begierde nach dem Raub und der Hunger zusammen gebracht, und bewogen in Gesellschafft mit einander zu tretten, nnd zu Nacht auf Beute auszugehen. Ob sie gleich lange sich vergeblich bemüheten, trieben sie doch endlich ein junges Rebhun auf, welches sie auf das hefftigste verfolgeten. So sehr es sich bestrebte ihnen zu entgehen, nöthigten es doch die entwichenen Kräffte, sich seinen Verfolgern zum Raube zu überlassen. Als es an dem war, daß es solte ergriffen werden, kam die gröste von den Nacht-eulen, und bot dem verfolgten Rebhun ihre Freundschafft und Beystand an. Das Rebhun, welche die Tücke der Eule noch nicht kannte, dachte bey sich selbst: Es ist doch ein Vogel, und also unter den Thieren von meinem Geschlechte, ohne Zweifel hat ihn das Schicksal zu meiner Errettung hieher geschickt. Es ergab sich demnach der Eule, welche aber das arme Huhn mit solcher Hefftigkeit in die Klauen faßte, daß es den Tod vor Augen sahe. Es fieng derowegen an jämmerlich zu schreyen, und mit einer sterbenden Stimme um seine Freyheit zu bitten. Wie? versetzte die Eule im Zorn, so wilt du unverständiges Huhn deinen Feinden zum Raube werden? Das Rebhun aber rief: Nein, nein, aber durch deine Freundschafft und Hülfe verlang ich auch nicht zu sterben: dann ich erfahre jetzt mit Schaden, daß ein falscher Freund gefährlicher ist, als ein offenbarer Feind.

Nocentior est, quam inimicitia aperta, simulata amicitia.

COnspirare inter se & societatem inire docuerat fames prædæque cupiditas vulpes duas felemque agrestem, quæ noctem ad venandam escam sibi delegerant. Et incassum quidem diu quod caperent, investigaverunt; tandem perdicem haud ita pridem exclusam excitantes, misellam pertinaciter persecutæ sunt. Illa cum intensis viribus elabi fuisset conata, ita tandem viribus defecit, ut permittere se hostium sævitiæ cogeretur. Comprehendendæ jamjam & ultima fata subituræ succurrit bubo, & amicitiam atque auxilium oppressæ obtulit. Quod avide arripuit perdix, rata, cum ignara esset insidiarum hujusmodi, bubonem, qui ex avium genere esset, sinceram præstiturum amicitiam, fatoque missum, qui miseram hostium faucibus eriperet. Totam ergo se buboni tradidit, qui unguibus misellam comprehendens ita corripuit, ut morti esset vicinissima. Ejulabat itaque lamentabaturque miserabilis, & libertatem moribunda deprecabatur. Tum bubo iratus: ergo stulta hostium tuorum præda fies? Illa vero, minime, inquit, sed nec te amico & auxiliatore enecari cupio; magno enim cum damno jam disco: *Periculum majus portendere amicum simulatorem, quam hostem apertum.*

Un Ami dissimulé est plus nuisible qu'un ennemi declaré.

LE desir de la proye, & la faim avoient associé une chate sauvage & une couple de renards, de qu'ils tachoient à executer leur dessein de nuit. Apres avoir recherché long tems, ils aperçurent un perdreau, qu'ils poursuivirent furieusemment. Celui-ci s'efforça assez pour leur échaper, mais les forces epuisées le contraignirent à se rendre aux persecuteurs. Quand il fut le point d'être saisi d'eux, il vint un hibou lui offrir son amitié & son secours. Le perdreau ne se defiant pas de sa malice pensa en lui même: C'est un oiseau, & par consequence un animal de mon espéce. La destinée l'a sans doute envoyé, à mon secours. C'est pourquoi il se rendit au hibou, qui empieta tellement le pauvre perdreau, qu'il se vit en danger de vie. Cela le fit crier à pleine tête & demander avec une voix mourante sa delivrance. Comment? repartit le hibou tout en colere, veux tu poulet insensé être la proye de tes ennemis? Sur quoi le perdreau cria: Non! non! mais je ne veux non plus, que ton amitié & ton secours me fassent perir, car c'est à cette heure j'aprends à mon dam, *qu'un Ami dissimulé est plus nuisible, qu'un Ennemi declaré.*

FABUL: III.

Ein verstellter Freünd ist schädlicher als ein offenbahrer Feind

Nocentior est inimicitia aperta simulata amicitia.

Un Ami dissimulé est plus nuisible qu'un eñemi declaré.

In Sagen, Fabeln und Märchen kommt der Eule eine zwielichtige Bedeutung zu. J. E. Ridinger, Fabeln, Augsburg 1744

Genaue Tierbeobachtung
zeigt der Uhu von
L. Ricasoli Patrizio,
Italien 18. Jh.

Realistische und expressive Eulendarstellungen (16. – 20. Jahrhundert)

Zunächst müssen wir einen Blick auf die realistischen Darstellungen werfen, die von den antiken Naturkunden ausgehend bis zu den modernen naturwissenschaftlichen Werken fortbestehen. Maßgebend ist dabei die Absicht der Wirklichkeitstreue, nicht ihre tatsächliche Realisierung, die vorwiegend vom Wissensstand der Zeit abhängt. Sie deutet sich bereits im Verismus der Spätantike und dann in der Rezeption antiker Naturbeobachtung unter dem Einfluß der Araber seit dem 12./13. Jahrhundert an. Es waren die adeligen Herren, die auf Jagden mit der Vogelwelt in Berührung kamen, und nun nach sachgemäßen Darstellungen verlangten (Nissen S. 26).

Realismus

Die am Hof Friedrichs II. in Palermo – teilweise vom Kaiser selbst – gezeichnete „Falknerei" weist in der „Klarheit ihrer morphologischen Formen, an Genauigkeit in der Zeichnung des Gefieders" (Nissen S. 27) und der naturalistischen Farbgebung in die Zukunft wissenschaftlicher Tierbeschreibung. Im 15. Jahrhundert war eine Naturtreue im Detail erreicht, die bis zum 19. Jahrhundert nicht mehr wesentlich verbessert werden konnte.
Seit der Renaissance ist hin und wieder das Bestreben zu erkennen (u. a. bei Leonardo da Vinci, Giovanni da Undine, Lucas Cranach d. Ä.), Bewegungsabläufe wiederzugeben – z. B. beim Vogelflug – was aber erst sehr viel später realisiert werden konnte. Als mitteleuropäisches Standardwerk kann man die umfangreichen Tierbücher Konrad Geßners (1516 – 1565) bezeichnen, die ab 1555 in Zürich und Frankfurt erschienen und mehr als ein Jahrhundert lang den Markt beherrschten. Die etwa 1200 Holzschnitte stammen von verschiedenen Künstlern bzw. Handwerkern (Nissen: Lit. S. 35 f.). Die Texte wurden aus vorhandenen Werken und eigenen Naturbeobachtungen zusammengefügt.
Die neue Technik des Kupferstichs erlaubte eine subtilere Detailzeichnung; aber noch im 17. Jahrhundert mußten sich die Ornithologen mit Sammelbänden allgemein-naturhistorischer Art begnügen. Es gab noch

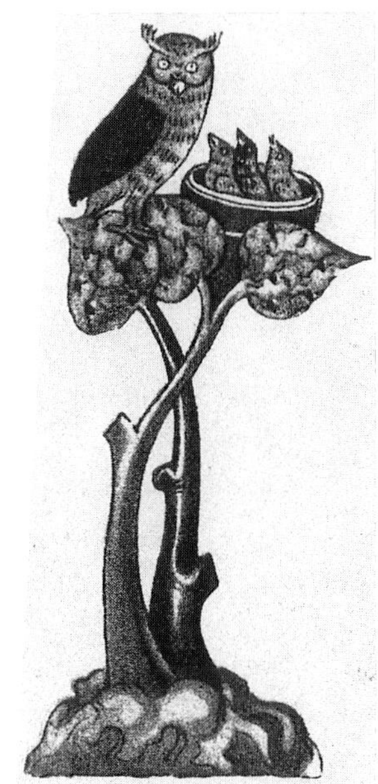

Bereits die Eulendarstellungen im Falkenbuch Kaiser Friedrichs II., Mitte 13. Jh., weisen realistische Details auf. Möglich ist der Einfluß arabischer Naturforscher, mit denen Friedrich regen Gedankenaustausch pflegte.

Eulenvögel aus Buffons
„Naturgeschichte der Vögel“,
kolorierte Holzschnitte, Brünn 1787

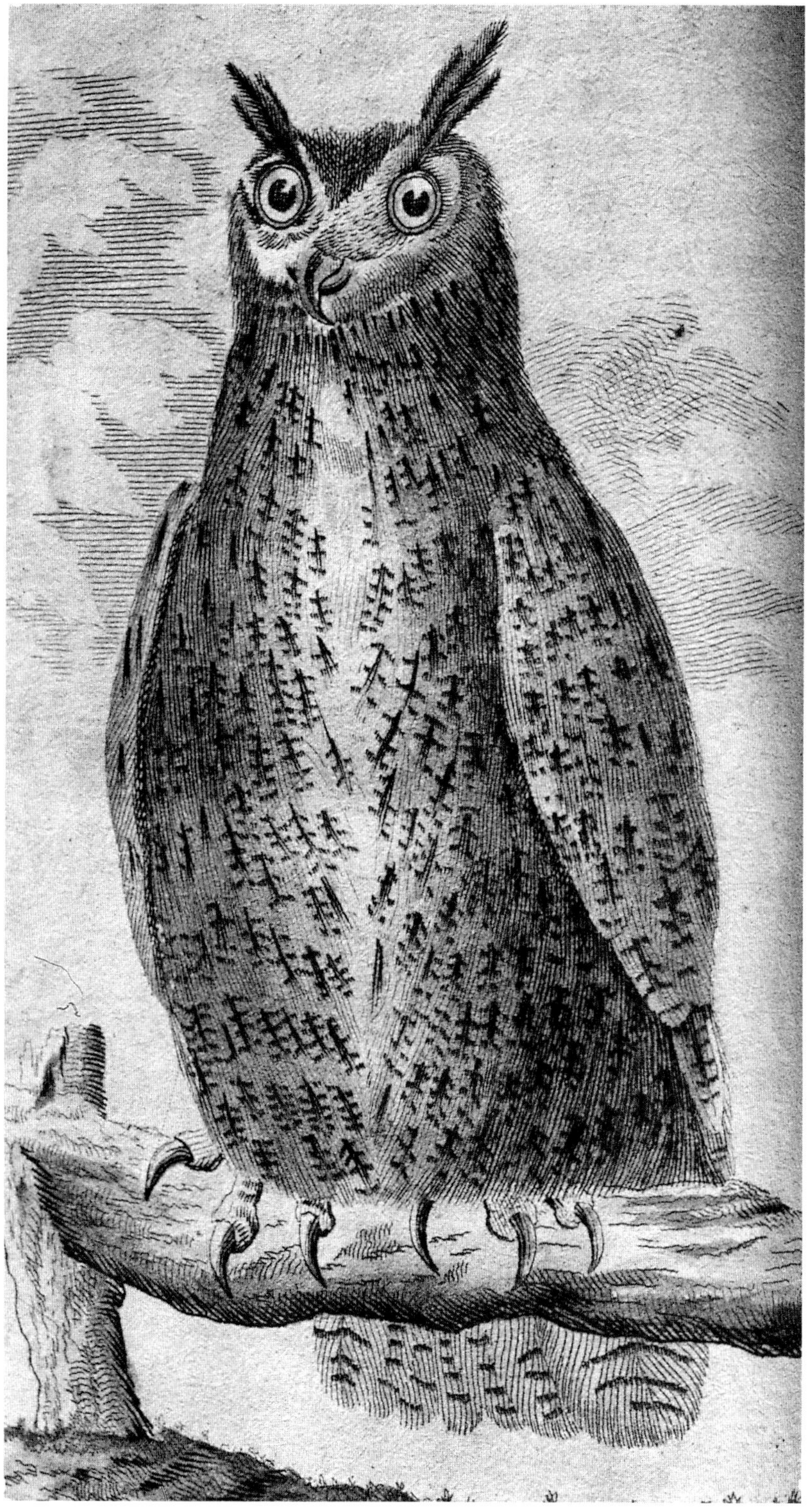

Der Uhu auf den Schweizer Fünfzig-Franken-Noten ähnelt den Darstellungen des 18. Jahrhunderts.

Steinkauz,
kolorierte Zeichnung
von Franz Murr
1958

Schleiereule,
kolorierte Zeichnung
von Franz Murr
1955

keine dokumentarischen Monographien bestimmter Vogelgruppen oder Regionen.
Solche Werke entstanden erst im 18. Jahrhundert, wie etwa die sechsbändige Naturbeschreibung des Grafen Luigi Marsili (1726) oder die „Vorstellung der Vögel in Teutschland“ von Johann Leonhard Frisch (1666 bis 1723). Dieses Werk des Berliner Gymnasiallehrers fußt bereits auf Beobachtung und Befragung von Einheimischen während jahrelanger Wanderungen, wobei die Kenntnis der jeweiligen Landessprachen förderlich war; dazu kamen Studien am umfangreichen eigenen Aviarium. Durch Skizzen in der freien Natur vermochte sich Frisch von den seinerzeit noch üblichen Darstellungen der Tiere in steifer Haltung abzusetzen und zu einer recht natürlichen Wiedergabe zu gelangen.
Es zeigte sich aber, daß derart umfassende Arbeiten nicht durch einen einzigen Mann bewältigt werden konnten; bei Frisch waren es zwei Söhne und ein Enkel, die die Vollendung des Werkes übernahmen. Auch die sorgfältig gestalteten Bände des Johann Andreas Naumann über die Wald-, Feld- und Wasservögel und seine „Naturgeschichte der Vögel Deutschlands“ entstammen einem gut durchorganisierten Familienunternehmen.
Hervorzuheben sind auf deutscher Seite die Vogelillustrationen des Nürnberger Realschullehrers Johann Wolf, die dieser zusammen mit dem Offenbacher Apotheker Bernhard Meyer in den ersten Jahrzehnten des 19. Jahrhunderts schuf. Ihre „Naturgeschichte der Vögel Deutschlands“ wird – vom ästhetischen Standpunkt aus – für das schönste deutsche Vogelbuch gehalten; auch Goethe hat ihm seine volle Bewunderung gezollt. Für dieses bibliophile Buch trifft die Feststellung von Claus Nissen zu: „... nur wenn ein talentierter Künstler zugleich ein passionierter Naturfreund ist, den es zu eigener Feldbeobachtung treibt, ist der entscheidende Schritt auf eine höhere Ebene möglich“. (S. 45)
Die Verkörperung eines Künstlers, der diesen „entscheidenden Schritt“ vollzogen hat, können wir in dem Engländer J. M. William Turner sehen. Während er sich bei seinem Freund und Gönner Walter Fawkes in Farnley Hall/Yorkshire aufhielt, begleitete er diesen häufig auf die Jagd und übte sich in Vogelstudien. Eine Gruppe von ca. 20 Aquarellen entstand ab 1810, darunter auch eine „White Owl“, eine Schleiereule mit nachdenklichem Gesichtsausdruck.
Ein Jahrhundert später hatte die Fotographie die wissenschaftliche Naturmalerei bereits eingeholt und durch die Möglichkeit exakter Situationsaufnahmen zur Formierung der Verhaltenslehre beigetragen. Daß jedoch die gezeichnete und gemalte Illustration nicht entbehrt werden kann, bestätigt u. a. der vielseitige Franz Murr, der in zahlreichen Publikationen – vor allem in den Zeitschriften „Kosmos“ und „Bergsteiger“ – die Vogelwelt in Text und Bild kenntnisreich darzustellen wußte (ab 1927).

Kauz aus Konrad Geßners „Thierbuch“, Holzschnitt, Mitte 16. Jh.

Linke Seite: „White Owl“, Schleiereule aus den Vogelstudien des J. M. William Turner, Aquarell 1810/15

Eine späte Frucht naturwissenschaftlicher und zugleich künstlerischer Vogeldarstellung sind die in unserer Zeit blühenden Briefmarkendrucke. Hervorzuheben sind vor allem einige osteuropäische Postwertzeichen, auf denen exakt gezeichnete Tiere der Realität entsprechen; sie sind – neben den landessprachlichen Bezeichnungen – sogar mit den lateinischen Namen versehen: Asio otus, Strix aluco, Athene noctua (Polen 1990); Nictea scandiaca (Ungarn); Bubo Bubo (Tschechoslowakei). Die in Belgien und der Schweiz erschienenen Briefmarken dagegen verlassen die Naturtreue zugunsten einer chiffrierten Wirklichkeit; die belgische „13er“ unterzeichnet ihr Eulensymbol mit „Operation Athena“.

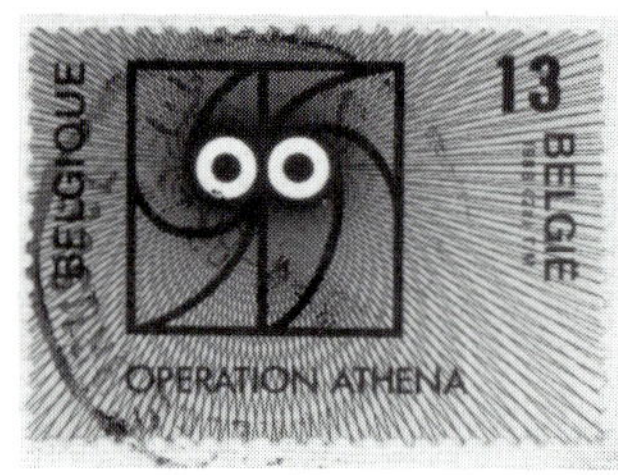

Expressive Darstellung

Die meisten der bisher besprochenen Illustratoren sahen sich als Diener der Naturwissenschaften, auch dann, wenn sie ästhetisch befriedigende Lösungen anboten. In der Stilkunst waren die Voraussetzungen häufig gerade umgekehrt, die Vögel dienten dem Ausdruckswillen der Künstler. Diese überregionale Tradition der Tierinterpretation besteht in der Kunst (und im Kunstgewerbe) der Neuzeit fort bis zum heutigen Tag.

Im wesentlichen liegt der Kanon der Deutungen unseres Nachtvogels mit den Aussagen der Renaissance fest. Die Hintergründigkeit, die dem mittelalterlichen Menschen im Zeichen der Eule Geist und Sinne aufrührte, wird weitergetragen, zum Teil vereinfacht, entmythologisiert, ihrer Vielschichtigkeit beraubt; unausgesprochen aber leben alle diese Programme in den Bildern der Künstler – der Verdichter! – fort, wenn sich auch manches Werk konkreten Erklärungsversuchen entzieht.

Francisco Goya malte um 1797 einen im Traum versunkenen Jüngling, der das Gesicht in den Armen verbirgt. Eulen flattern aus dem dunklen Hintergrund auf ihn zu und scheinen ihn geheimnisvoll zu umkreisen (RDK, Abb. 38).

Linke Seite:
Realistische Eulendarstellungen auf Briefmarken unserer Zeit (Polen, Tschechoslowakei, Belgien und Schweiz).

Hans Baldung Grien,
Die Sintflut,
16. Jh. 1. H.:
Eulen im Dachgebälk verkünden Verderben
Bayerische Staatsgemäldesammlung München

Am häufigsten nehmen die Künstler die Metapher des Todes oder des todähnlichen Schlafes zum Vorwurf. Zahlreich sind die graphischen Memento-mori-Darstellungen. C. D. Friedrich setzte eine Eule groß auf Requisiten des Todes; die Düsterkeit dieses Motivs betont die Öde der Landschaft im Hintergrund.
Um 1836–38 beschäftigten den romantischen Maler immer wieder Eulenthemen. Es entstanden die Sepia-Bleistiftzeichnungen „Eine Eule im Thurmfenster", „Uhu im Burgfenster" sowie verschiedene Eulen an Gräbern oder darüber. Mit der Eule weisen auch dürre Äste und Ruinen auf die Todesnähe, während das vom Vollmond erhellte Fenster Symbol Christi ist; der Gedanke des Todes steht immer in Verbindung mit dem religiösen Wissen, mit Jenseitsverheißung.
Bevorzugt erscheint die Eule auf Jagddarstellungen, auch auf Dekorationen von Jagdzimmern, z.B. im sogenannten Hundekabinett der Amalienburg von Schloß Nymphenburg bei München (Josef Pasqualini Moretti, 1734–39, vgl. Abb. S. 26/27) und in den Stuckreliefs auf der östlichen Außenwand dieses Jagdschlößchens.
Oft manifestieren sich bei ein und demselben Künstler die verschiedensten Hintergründe und Auslegungen, die der Eulenvogel während seines Fluges durch die Jahrhunderte erfahren hat, so zum Beispiel bei Hans Baldung Grien. In seiner Sintflutdarstellung zeigen sich über schrecklichen Szenen ertrinkender Menschen die Unheilverkünder: aus dem Dachgebälk lugen Eulen hervor.
Der diametral entgegengesetzte Überlieferungsstrang, nämlich die Eule als Symbol Christi, bleibt lebendig in einem anderen Gemälde des Künstlers, der „Geburt Christi", 1520.
Diese Tradition wird weitergeführt bis hin zu dem Nazarener Peter Cornelius (1783–1867), der in dem Titelblatt eines Kalenders auf das Jahr 1843 die Eule mit der Geburt Christi in Verbindung bringt. Die Verlassenheit des Gekreuzigten wie die Freude über die Geburt des Erlösers werden gleicherweise durch die Gegenwart von Eulen angezeigt. Möglicherweise deutet die Eule auf den Geburtsbildern – meist sehr klein in einer Ecke versteckt – auch auf das künftige Leid des Neugeborenen hin.
Cornelius hat aber auch in seinen Federzeichnungen zu Goethes „Faust" die Eulen als Inkarnation des Bösen gekennzeichnet: mit Hexen und Teufeln zusammen bevölkern sie die Lüfte in der Walpurgisnacht.

Die Eule auf Requisiten des Todes
C. D. Friedrich, Landschaft mit Grab, Sarg und Eule 1836/37, Sepia-Bleistiftzeichnung
Hamburger Kunsthalle

Frans Hals, Malle Babbe 1629/30: Die trunksüchtige, verrückte Frau mit den bezeichnenden Attributen Zinnkrug und Eule ist vielleicht als moralisierende Warnung gemeint. Gemäldegalerie Berlin

Der „Malle Babbe" von Frans Hals, um 1630, einer Gestalt zwischen Hexe und trunkener Närrin, sitzt die Eule auf der Schulter, was vielleicht als moralisierende Warnung gemeint ist. Als Begleiterin von Dirnen – weiblichen Lockvögeln – trifft man Eulen inmitten erotischer Szenen an, auch diesen Ansatz finden wir schon Jahrhunderte früher. Die Eule kann geradezu als Dirnenattribut gelten. Eine als „Voglerin" herausgeputzte Halbweltdame bei Martin Engelbrecht (um 1730) trägt diese anschauliche Metapher auf dem Kopf.

Die Eule (links oben) weist auf das lästerliche Treiben der Betrunkenen hin, dem der untätige Wirt nicht wehrt.
Adriaen Brouwer, Der eingeschlafene Wirt, Antwerpen, 1. H. 17. Jh.
Bayer. Staatsgemäldesammlung München

Als gesellschaftskritische Herausforderung hatte sich die Eule bereits bei Hieronymus Bosch den Fressern und Säufern zugeordnet. Vor allem in der niederländischen Kunst (z.B. bei A. Brouwer, Jan Sten, P. Bruegel d.Ä., Jan de Cock) des 16./17. Jahrhunderts tritt sie gern im Zusammenhang mit Wirtshausgelagen auf. Die allegorische Figur der Völlerei hat in Heinrich Aldegrevers Stichfolge der Tugenden und Laster eine Eule im Wappen. Man hat das mit der merkwürdigen Erscheinung der Eulenverdauung – Auswürgen des unverdaulichen Gewölles – in Zusammenhang gebracht (Walter Stengel S. 104f.).
Die magere und die fette Küche zählt zu den traditionellen Gegensatzpaaren in Graphik und Malerei. In seinem Gemälde „Die fette Küche" läßt Pieter Aertsens eine Eule die vor den Fressern nicht sicheren Küchenvorräte bewachen.

Moderne

Max Ernst, „Der Joker" 1950
Privatbesitz

Die Fragwürdigkeit und Ambivalenz des Nachtvogels empfiehlt ihn – neben seinen formalen Reizen – dem Zugriff moderner Künstler. Selten wird er in heiterer Gelassenheit oder Weisheit gesehen. In dem Gemälde von Max Ernst „Der Joker" (um 1950) ist nichts Heiteres zu erkennen. Der „Spaßvogel" im Zentrum trägt auf seinem eulenhaften Leib zwar ein Narrenkostüm, aber sein Gesichtsausdruck flößt Angst ein. Die Augen öffnen sich zu zwiespältiger Weltsicht: das eine zusammengekniffen, das andere schreckhaft aufgerissen. Umfassen die Greifzangen der Füße nicht einen kleinen Totenschädel? Das Vogelwesen sitzt an einer Maueröffnung, aus der eine weitere Eule hervorlugt. „Red Owl" ist ein anderes Ölgemälde des Künstlers (1952) bezeichnet. Es begreift den Vogel noch zeichenhafter als „Der Joker". Das Rot kann Zauber und Hölle signalisieren. Die Darstellung mag von den Eulen-Kachinas der Indianer angeregt worden sein – Ernst lebte damals in Sedona/Arizona und besaß selber eine Sammlung von Kachinas. Die Kachina waren in der Pueblo-Kultur häufig mit einem Eulenkopf versehen; sie hatten vor allem die Funktion, bei wilden Fest-Zeremonien als Ordner der Menge aufzutreten; sie achteten bei Tänzen darauf, daß das Treiben der Clowns nicht zu sehr ausartete. Geschnitzte Nachbildungen dieser „Wächter" zeigen deutlich deren Eulenhaftigkeit („Große gehörnte Eule", vgl. Ausstellungskatalog Kachina-Figuren 1980, S. 153/154). Für Max Ernst und die Surrealisten mag die Eule die Bedeutung von Traum und Weissagung, von Eingebung und Rätselhaftigkeit gehabt haben. Das Geheimnisvolle und Archaische zog sie in ihren Bann.
Nicht immer ist sicher, daß mit der Abstraktion eine gedankliche Aussage bezweckt ist. Möglicherweise verfolgt der Künstler mit der Gestaltung der leicht zu vermittelnden Grundstruktur der Vogelgestalt eine formale

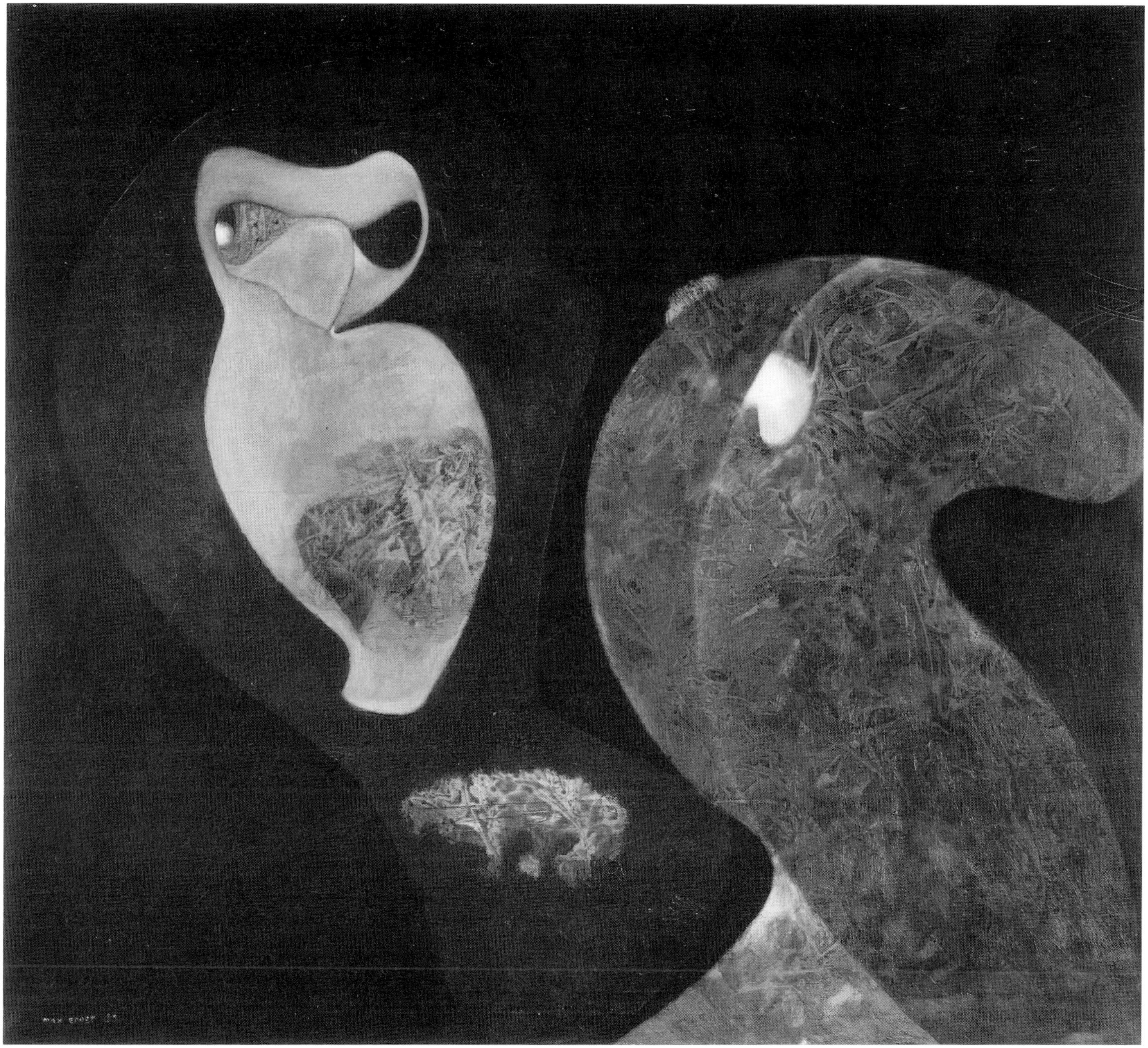

Die Surrealisten werden durch das Geheimnisvolle und Archaische der Eulengestalt angezogen.

Max Ernst,
„The red Owl“ 1952

Pablo Picasso sieht das Kauzige und Dämonische in der Eule: Keramische Skulptur 1953
Musée Picasso, Paris

Rainer Mürle, Studie 1976
nach Lukas Cranach,
„Der Mann mit dem roten Hut“ (1503)

Die Frau trägt das Wissen um das Geheimnis der Welt mit den Sinnbildern Weltkugel und Eule durch die Jahrhunderte.
Christine Stadler, München um 1990

C. Metzger (geb. 1874 in Regensburg), Waldkauz, Bronzeplastik
Münchner Stadtmuseum

Tendenz. So scheint die Steinplastik von Jean Arp (1937/38) – heute im Museum Philadelphia – ein Torso des Eulenkörpers oder ein angedeutetes Eulengesicht zu sein. Vielleicht läßt sich die Annahme „Kopf, Gesicht" durch den Titel der Figur „Owl's Dream" stützen. Oder träumt die Eule ihre Idealgestalt? Arp scheint sie in der plakativen Eulendarstellung von 1963 gefunden zu haben.
Ob die Eule am Bronzealtar vor dem Lettner des Domes in Xanten, die G. Rumpf 1976 geschaffen hat, als Weisheitssymbol oder als ein das christliche Heiligtum gefährdendes Element – wie ehedem die Untiere an romanischen Domen – zu verstehen ist, kann nicht mit Bestimmtheit gesagt werden.

Hans Arp, Die Eule 1963

G. Rumpf, Eule als Weisheitssymbol, Detail aus dem Bronzealtar 1976 vor dem Lettner des Domes zu Xanten

Jean Lurçat, Glasurmalerei auf
Tonplatte, 1965
Museum für angewandte Kunst, Köln

Pablo Picasso, Wandteller mit Eule
1949
Musée Picasso, Antibes

Materialgerecht hat Pablo Picasso die Eulenform auf einer Keramikschale – einer von vielen Eulen-Schalen – in großem Schwung umrissen. Auf schwarzem Grund heben sich die gedämpften Farbtöne von Ocker und Kupferoxid stark ab. Nicht nur das Dämonische, sondern auch das Witzige, Kauzige, reizte den Künstler immer wieder, sich in Eulengestalten auszudrücken. Mit Pinsel und Zeichenstift und in den verschiedensten Materialien suchte er ihrem Geheimnis auf die Spur zu kommen.

Häufig haben Künstler Eulen in Ton gestaltet, zum großen Teil auch nur dekorativ eingesetzt, wobei der Sinngehalt mehr oder weniger kräftig ausgesprochen wird. Auf einer Tonplatte gibt Jean Lurçat um 1965 eine Eule in Glasurmalerei wieder: weiß, gelb und schwarz sind die Farben, und dem Ganzen kommt eine flackrige, beängstigende Wirkung zu, obwohl die Haltung des Uhus nicht so bedrohlich erscheint wie etwa die der Greizer Lithographie „Bedrohliche Begegnung" (Ausstellung im Stadtmuseum Greiz 1990). Der 1944 in Plauen geborene Bernd Hieke weiß der Eule eine teuflische Macht aufzuprägen; für den kleinen Vogel besteht vor dem bannenden Blick des Untiers keine Chance (vgl. Abb. S. 76).

Der aus Böhmisch-Kammitz stammende Josef Hegenbarth hat in Öl auf Leinwand eine plastisch wirkende Eule gemalt: Drohend erscheint die Nachtlandschaft, drohend die Gebärde der halbgeöffneten Vogelschwingen; die grausam vergrößerten, kraftstrotzenden Füße werden ihr Opfer in Kürze vernichten.

Die Eule, durch Jahrtausende ein ambivalentes Wesen, in eigenwilligen und immer wieder neuen Darstellungen von Künstlern umkreist, scheint in der Moderne ein willkommenes Objekt der Zeitdeutung zu sein: Sie steht für Angst und Schrecken, Rätselhaftigkeit und Dämonie, die vom Menschen kaum mehr bewältigt werden können.

Die Eule dirigiert ein aus grotesken Tiergestalten zusammengesetztes Orchester. Ist die Welt von Dämonen beherrscht?
David Tenier d. J. (1610 – 90), Das Tierkonzert. Bayerische Staatsgemäldesammlung München

Das Zwielichtige, Zauberische des Vogels soll im Gemälde „Der Alchimist“ von David Tenier d. J. (1649) akzentuiert werden. Der geheimnisumwobene Experimentierer arbeitet inmitten von nicht durchwegs deutbaren Geräten; seitlich im Halbdunkel hockt auf einer Bretterwand eine ihn beobachtende Schleiereule. Die Frage, ob das Weltgeschehen von dämonischen Kräften gelenkt wird, steht letztlich auch hinter der so heiter erscheinenden Illustration der Tierfabel, dem „Tierkonzert“ Teniers. Es gibt seit dem 17. Jahrhundert eine Reihe derartiger Darstellungen, wobei die Eule auf einem aufgeschlagenen Notenbuch thront und die Musikanten dirigiert. Die verschiedenen Tiere sind ihrem Charakter entsprechend als Instrumentalisten eingesetzt. Die Eule aber überragt sie alle, die Partitur fest in den Klauen. Soll damit ausgesprochen werden, daß unser Lebenskonzert vom untergründig Bösen dirigiert wird?
Mit humorigem Ernst gewürzt erscheint auch das Gemälde des Adriaen P. van den Venne (1589 – 1662); ohne Hintergrundwissen bleibt es dem Betrachter unverständlich, wie ja überhaupt Scherz und Satire nur dem Kreis Eingeweihter, mit der Zeitsituation Vertrauter, zugänglich ist. Dieses Gemälde bezieht seinen Inhalt aus populären Flugblättern. Wir sehen ein honorig-ernstes Paar in Eulengestalt Schlittschuh laufen. Eine Inschrift besagt: „Wie passen wir doch so gut zusammen.“ Die männliche Eule mit dem vor der Brust hängenden Kneifer entspricht der blinden (sündhaften) Eule des Flugblattes, die weibliche Eule mit einer Ratte soll eine Dirne sein; der Schlittschuhlauf mag bedeuten: Sünder kommen leicht zu Fall.
Die Gesellschaftskritik des Barock bedient sich häufig der Tiermenschen. Bestimmte Lebenssituationen werden als „verkehrte Welt“ im Gewand von Eulen reflektiert.
Im 19. Jahrhundert führt vor allem der Franzose Grandville (Jean Ignace Gerard, 1803 – 1847) den bösen Humor des Menschenporträts mit Tierphysiognomie fort. Da steht etwa eine alternde Sängerin in der Pose einer „Primadonna“ (so der Titel der Zeichnung) am Pranger; ihr jugendliches Kleid, ihre Einbildung, ihr übersteigertes Selbstbewußtsein sind in Kontrast gesetzt zur Eulenhaftigkeit ihres wüsten Gesichtes.

„Die Primadonna“ wird von dem Franzosen Grandville (1803 – 47) mit boshaftem Humor karikiert.

Ob das sündhafte Paar
bald zu Fall kommt?
Adriaen P. van den Venne
(1589 – 1662)
Kopenhagen, Staatl. Museum
für Kunst

Der flötenspielende Till Eulenspiegel, begleitet von der Eule, gezeichnet von Theodor Rockoll (1881).

Eulenspiegel

Weniger zeitgebunden, ja über die Jahrhunderte hinweg von gleichbleibender Popularität ist die Gestalt des historisch nicht belegbaren Till Eulenspiegel (Tyl Ulenspiegel). Bei Braunschweig soll er geboren und in Mölln um 1350 gestorben sein. Der Sagenbereich weist auf spätmittelalterliche Handwerkergeschichten und Volksbücher zurück. Das älteste erhaltene Exemplar des Volksbuches stammt von 1515 (Straßburger Ausgabe). Die Titelseite zeigt Till im Schalksgewand auf einem Pferd reitend, mit der einen Hand die Eule hochhaltend, mit der anderen einen Spiegel. Im 16. Jahrhundert gab es 24 mit Holzschnitten illustrierte Ausgaben, und im 19. Jahrhundert standen die Volksbücher wieder ähnlich hoch im Kurs. Die Geschichten leben fort in den Nürnberger und Neuruppiner Bilderbogen sowie in Kinderbüchern bis in die jüngste Zeit.

Was liegt dieser populären Figur eigentlich zugrunde? Ihren beiden Attributen – Spiegel und Eule – wohnt dieselbe Symbolkraft inne: der Spiegel konfrontiert mit der nackten Wahrheit, und der Eulenblick durchschaut die Dinge bis auf den Grund. Eulenspiegel ist ein Moralist, der den Finger auf die Schwächen der Menschen legt; aber er tut dies auf witzige Art. Er läßt sich durch die Boshaftigkeit anderer nicht unterkriegen, sondern antwortet auf seine Weise: mit Humor, manchmal mit bösem Humor. Die hochgeborenen Herren wie die groben Bauern, die kleinbürgerlichen Biedermänner wie die siebengescheiten Stadträte und Pfaffen – all den Leuten wird ein Spiegel ihrer Untaten und Dummheit vorgehalten, wobei es Till mutwillig auf sprachliche Mißverständnisse anlegt. Seine Streiche fußen oft auf schillernden, mehrdeutigen Worten, und für diese launige Vielschichtigkeit erweist sich die Eule in ihrer schwer faßbaren, dämonischen Vitalität als adäquater Partner. Eulenspiegel ist ein fragwürdiger, aber kreativer Aufwiegler gegen Normen, die stumpf, schädlich, beengend sind, er ist das Leben selbst in seiner widersprüchlichen Unmittelbarkeit.

Ulen spiegel

Van Ulenspieghels leuen. En schimpelijcke wercken/ ende wonderlijcke auontueren die hi hadde/ want hi en liet hem gheē Boeuerije verdrieten / seer playsant en ghenuechlijck om lesen.

¶ Ghedruckt Thantwerpen,
Opde Camerpoort-brugghe, inden Schilt van Basel, by my
Ian van Ghelen de Ionghe, ghesworen Drucker der Con. Ma.
Met Gratie en Priuilegie. 1580

Die Sagengestalt des Till Eulenspiegel blieb vom späten Mittelalter bis heute lebendig. Eulenblick und Spiegel helfen ihm beim Durchleuchten gesellschaftlicher Mißstände. Titelholzschnitt der Antwerpener Ausgabe von 1580

In der „Geschichte vom Käuzchen" von Reiner Zimnik und Hanne Axmann erweist sich die Eule als wachsamer Helfer der Menschen.

Kinder- und Jugendbuch

Während Eulengestaltung heute an bevorzugter Stelle im Schaffen bildender Künstler steht, führen Poeten und Schriftsteller nur selten das traditionsreiche Thema in fabulierender Deutung fort. Einige Kinderbuchautoren bewegen sich auf den Spuren der alten Geschichten, allen voran der Engländer Eduard Lear (1812 – 1888), der durch die Ähnlichkeit der Tiergesichter zu seiner Erzählung „Der Kauz und die Katze" angeregt wurde (1889). Eine Szene – die Laute spielende Eule mit der Katze in einem Boot – ist auf den derzeitigen 19penny-Briefmarken Großbritanniens festgehalten: „The Owl and the Pussy-cat went to sea/ In a beautiful pea-green boat", steht darunter.
Im englischen Kinder- und Jugendbuch ist die Eule bis heute beliebt, es sei nur an das mit schöner Klarheit und Ausdruckskraft illustrierte Buch von Molly Burkett „Ein Haus voller Eulen" erinnert, 1979 in London und 1983 in deutscher Übersetzung erschienen. Hier wird die Eule nicht nur empirisch und rational erfaßt, sondern in einen emotionalen Bezug zum Menschen hineingenommen. Das enge Verhältnis der Kinder zu einer Waldohreule, die sich der Familie angeschlossen hat und sie überallhin begleiten will, steht im Zentrum der Geschehnisse. Die Dorfbewohner versetzt der Nachtvogel in Angst und Schrecken, sie wollen ihn entfernen und rufen dadurch den Kampfgeist der Kinder auf den Plan. Anders als in den Fabeln werden hier die Eulen nicht als Typentiere gezeichnet, sondern als Individualitäten mit ganz spezifischen Eigenheiten, wie z. B. ihre Vorliebe für bestimmte Farben, für fließendes Wasser, für Fische; sie erscheinen in Eifersucht befangen und persönlicher Zuwendung fähig.
In der deutschen Jugendbuchliteratur bestehen beide aus der Vergangenheit hervorgewachsenen Stilrichtungen fort, die aus der Fabel entwickelte Erzählung und die der Naturwissenschaft tributäre Schilderung.
Nach alten Texten neu erzählt und mit farbigen Linolschnitten illustriert sind „Die glücklichen Eulen" von Klaus Winter und Helmut Bischoff (1962). Es handelt sich um ein eher stilles Buch, das die Eulen vollkommen undämonisch, nicht-bös, begreift. Die Vögel liegen im Streit, und sie wenden sich an ein Eulenpaar mit der Frage, wie sie es denn schafften, Frieden und Glück zu erlangen und zu bewahren. Und die klugen Partner verweisen auf die Jahreszeiten in ihrer wechselnden Schönheit und Erlebnismöglichkeit.
Auch die „Geschichte vom Käuzchen" von Reiner Zimnik und Hanne Axmann erzählt von der Liebenswürdigkeit eines Eulenvogels. Durch seine nächtliche Neugierde und Wachsamkeit bewahrt er viele Menschen vor dem Tod im Feuer. Ein leiser Nachklang des alten Aberglaubens, daß das Käuzchen am Fenster Unheil bringe und daß eine Verbindung der Eule mit Blitz und Feuer bestehe, schwingt in dem Geschehen mit.

Das Motiv der Laute spielenden Eule mit der Katze in einem Boot (nach Lear) wird von den Briefmarken aufgegriffen: „The Owl and the Pussy-cat went to sea / in a beautiful pea-green boat."

Der Engländer Eduard Lear (1812 – 88) schuf die Illustrationen zu dem Kinderbuch „Der Kauz und die Katze".

Ein Rauhfußkauz ist der sachkundige Führer durch den Bergwald in Wolfgang Scherzingers Jugendbuch „Erlebnis Nationalpark“ 1984.

Andere Jugendbücher akzentuieren den Wirklichkeitscharakter, wie etwa Hugo Kochers „Buhuo, der fliegende Wolf“ (1953), aus dem folgende Schilderung (S. 6) stammt: „Der Uhu plustert sich auf, schüttelt sein Gefieder, fährt mit dem messerscharfen Krummschnabel über die Schwungfedern. Seine gelben Augen leuchten auf, glimmen in unheimlichem Feuerschein. Dann setzt er sich zurecht, dicht neben den ragenden Rippen des Rehskeletts. Wie einen Rock läßt er das warme, daunige Bauchgefieder über die im Laub einsinkenden Fänge hängen. Das Feuer seiner Augen erlischt. Buhuo, der Uhu, schläft, während der Sturm draußen tobt und wettert, während die Wintergewalten den bröckelnden Kalkfelsen umbrausen.“

In solchen Texten klingt bereits die Nähe des Sachbuches an, die z. B. der Biologe Wolfgang Epple und sein Photograph Manfred Rogl bewußt in der naturkundlichen Reihe des Kinderbuchverlages Luzern angehen, eine Haltung, die Franz Murr bereits in den 20er Jahren allen Altersstufen gemäß zu vermitteln verstand.

Sachkundig und poetisch zugleich hat Wolfgang Scherzinger, einer der profiliertesten deutschen Eulenforscher, sein Buch „Erlebnis Nationalpark“ gestaltet. Ein Rauhfußkauz ist der nachdenkliche und erzählende Führer durch den Bergwald. In 45 Einzelgeschichten mit je einem Farbbild (aus Hinterglasbildern hervorgegangen) und Textzeichnungen hat

der Autor die oft komplizierten Lebensvorgänge und ökologischen Zusammenhänge in gut verstehbarer Form für Kinder (und Erwachsene) aufbereitet.
Siegfried Schönn hat das Leben des Steinkauzes in den Mittelpunkt seines Buches „für junge Natur- und Tierfreunde“ gestellt, das unter dem Titel „Auf leisen Schwingen“ 1985 erschienen ist.
Sogar in die darstellende Kunst unserer Tage ist die geheimnisumwitterte Eule vorgedrungen. Peter Hacks hat in seinem kunstvollen Märchen „Der Schuhu und die fliegende Prinzessin“ alte Mythen um den Nachtvogel mit Problemen der Gegenwart verknüpft. Auch in diesem Bühnenstück eignet dem Uhu eine doppelte Natur: Als Mensch lernt er Bosheit und Dummheit dieses Geschlechts kennen, als Vogel läßt er Krieg und Schlechtigkeit hinter sich und erhebt sich mit seiner Prinzessin in die Freiheit der Lüfte.
Den alten Märchenstoff des „Kalif Storch“ von Wilhelm Hauff hat der Frankfurter Insel Verlag 1991 wieder ans Licht geholt: Die Tochter aus dem Dichterhaus Brentano-Arnim, Gisela von Arnim (1827 – 89), hat in ihren „Märchenbriefen“, die sie ihrem Neffen Achim widmete, auch ein Kapitel „Wie der Kalif mit der Eule redet“ gestaltet. Über 120 gezeichnete Bilder – zum Teil in wunderschönen Farben – schmücken das großformatige Buch.
Welcher Gegensatz zwischen der Welt des Kinderbuches, in der die Autoren dem Märchenhaften, dem Schönen und Guten, dem Positiven im Verhältnis von Eule und Mensch, breiten Raum lassen, zur Sicht der meisten modernen Künstler, die das Eulen-Zeichen an den Rand des Höllenabgrundes verbannen!

Kalif Storch im Gespräch mit der Eule, nach den „Märchenbriefen“ der Gisela von Arnim.

Eulensymbolik unserer Zeit

Kunst ist immer auch Handwerk, und es fällt oft schwer, moderne Eulengestalten dem Bereich der „hohen“ Kunst oder dem der kunsthandwerklichen Fertigung zuzuweisen. In manchen Fällen reift auch der Schaffende an der Aufgabe, einen Alltagsgegenstand funktionsgemäß zu formen, zum Künstler. In diesem Sinne hat Manfred Reuther seiner Untersuchung „Das Frühwerk Emil Noldes“ den Untertitel „Vom Kunstgewerbler zum Künstler“ beigegeben. In dieser Publikation ist ein Detail von Sauermanns Schreibtisch gezeigt (Flensburg 1887): Nolde hat als massive Stütze des von ihm entworfenen Möbels eine geschnitzte Eule verwendet. Man kann annehmen, daß sie als Weisheitssymbol gedacht ist. (Heinrich Sauermann, 1842 – 1904, war Holzbildhauer und an der kunstgewerblichen Fachschule Flensburg tätig.)

Wie schon angedeutet, hat sich die Vielfalt der Deutungsmöglichkeiten des Nachtvogels immer mehr auf die eine Auslegung hin bewegt, Zeichen von Wissen und Weisheit zu sein. Eindeutig ist dieser Sachverhalt im Kunstgewerbe festzustellen.

Wissensvermittlung

Buchverlage und Buchhändler, die mit Wissensvermittlung beschäftigt sind, haben sich auf das jedermann einleuchtende Zeichen gestürzt, sie nehmen es in den Briefkopf der Firma auf, sie schmücken ihre Geschäftsgebäude damit, sie wickeln ihre Erzeugnisse in Papier, das die Eule zum klugen Leser schlechthin erkoren hat. In engen Kontakt mit ihr treten Verlage, die sogar den Namen adaptieren (Eulen Verlag) oder einen Produktionszweig nach ihr benennen (z. B. „Der Uhu“, Zeitschrift des Ullstein-Verlages). Viele Zeitungs- und Buchverlage sprechen ihr Bildungsanliegen mit der Eulen-Chiffre aus. Bei Ullstein und der Firma Uhu mag das Umsetzen des Namens in ein Zeichen dafür maßgebend gewesen sein; aber auch dtv bedient sich des Symbols: der bekannte Schweizer Grafiker Celestino Piatti hat mit seiner markanten Handschrift auch hier ein Signal für zeitgemäße Wissensvermittlung und ihre Vermarktung gesetzt.

Verlage übernehmen das Symbol des Wissens als Firmenemblem.

Schreibzeug mit Eule, Porzellan,
Entwerfer: Veit, Erstausformung 1912
in Selb, Kunstwerkstätten Rosenthal.
Münchner Stadtmuseum

Der Schweizer Grafiker Celestino Piatti hat in Plakaten, Bucheinbänden und Werbeblättern markante Bausteine zur Zeichenhaftigkeit der Eulenweisheit beigetragen.

Den meisten dtv-Büchern hat er sein Signum aufgeprägt.

Der Süddeutsche Verlag bietet an seinem Hauptgebäude dem Eintretenden einen Messingtürgriff in Form einer Eule. Die Klugheit der Eule soll wohl auch ins Gedächtnis gerufen werden, wenn die Süddeutsche Zeitung zu Weihnachten kritische Geister den Lesern Buchvorschläge geben läßt: schlaue Buchtips sind von großformatigen Eulen hinterfangen.
Bücher und das Wissen, das aus ihnen spricht, wird als Eigentum gekennzeichnet, damit es der eigenen Bibliothek sicher erhalten bleibt: nicht selten ist die Eule in die Emblematik der Exlibris miteinbezogen.

Exlibris mit Eulen signalisieren Bekenntnis zu humanistischen Werten, zum Gelehrtentum, zur Weisheit. Münchner Stadtmuseum

Rechts: Glasfenster im Aufgang eines Hauses am Szepansik-Platz in Krakau, Jugendstil.

Humanistische Werte bergen sich hinter diesem Signal, das Bekenntnis zum Geistigen, Intellektuellen, oft mit viel Witz und Hintergrundwissen. Eulen erscheinen nach innen gekehrt, zeigen Versunkenheit und Konzentration wie große Gelehrte. Das als Bucherfahrung gesammelte Wissen gibt die Möglichkeit, über allem Wissen zu stehen, Zusammenhänge zu erfassen, die Logik hinter den Dingen oder ihre dämonische Unlogik zu ahnen, von allem Dinglichen unabhängig und innerlich frei, also weise zu sein.

Die passionierte Hinwendung der Renaissance-Gelehrten zur Antike macht ihre Verbindung mit der Eule verständlich. „Qui vigli studio Sapientem scripta volutat,/ Hic dici doctus, cur mereatur, habet." (Wer in unermüdlichem Eifer die Bücher studiert, der nur verdient es, ein Gelehrter zu heißen; nach Henkel/Schöne Sp. 897). Zu diesen Worten tritt das Bild der Eule über dem aufgeschlagenen Buch, das von nun an ein beliebtes Signet der Studiosi und Buchgelehrten wird.

Exlibris dienten nicht nur als Vehikel für prägnante Aussagen über den Buch-Eigner, sondern stellten auch die persönliche Auffassung des Gestalters vom Leben vor.
Ein Meister dieser Ausdrucksform war Willi Geiger (gest. 1957), der die Eule mehrmals in die Emblematik seiner grafischen Blätter miteinbezog, so zum Beispiel in das Exlibris für den spanischen Geistlichen Manuel Fuentes (1949) mit dem Motiv der Vogelpredigt des hl. Franz. Eine durchgeistigte Realität ist im letzten Blatt des Künstlers verwirklicht: Es ist „wie ein Vermächtnis: unter einem mit der Eule der Minerva geschmückten Vergrößerungsglas erscheint das Wort HUMANITAS". (Schreyl S. 25)
Ein weiteres Gebiet der Druckgrafik sei hier erwähnt, die Weinetiketten. Vögel gehören seit eh und je zum Bild des Weinbergs, ob als schädliche Näscher oder als Ungeziefer tilgende Freunde der Winzer. Sie gaben verschiedenen Lagen (Layen) ihre Namen. Eulen sind dabei relativ selten vertreten; sie weisen vermutlich auf alte Nistplätze hin: Koberner Uhlen, Winninger Uhlen, Kreuznacher Kauzenberg in den Mauern (die Kauzenburg ist das ehemalige Schloß des Grafen von Sponheim), Kreuznacher Kauzenberg-Rosenhügel, Kinheimer Eulenlay.

Weinetiketten mit Eulennamen weisen meist auf alte Nistplätze hin.
Hier handelt es sich um den Hinweis auf den Namen des Winzers L. Euler.

Gewitztheit

Im Bild der Eule steckt aber auch jenes nicht durch Buchstaben, sondern durch Welterfahrung gesammelte Wissen, die Schläue und Gewitztheit des Kaufmanns, des Managers oder Bankfachmanns. Das sind Leute, die aufmerksamer den Lauf der Dinge verfolgen als andere, die „ihre Antenne ausfahren" und dann den Propeller der Überlegungen anwerfen, so wie es „Cork" in seiner Witzzeichnung zur Kenntnis geben will.
Geldinstitute beanspruchen die Eule für weltimmanente Klugheit und wollen mit ihr ausdrücken, daß der Kunde gut beraten, clever, geschäftstüchtig ist, wenn er bei ihnen anlegt. Sie sind die auch nachts Hellwachen, die mit geschärftem Verstand die Vorgänge in der Weltwirtschaft verfolgen. „Kluge Leute steigen jetzt auf langfristig festen Zins um", heißt es da unter dem Bild der Eule. In zahlreichen Cartoons, Bildwitzen und Karikaturen steht das Bild der Eule für solche Gerissenheit und Wachsamkeit, ebenso in Werbeslogans verschiedener Firmen. „Flachglas" z. B. schützt vor dunklen Elementen mehr als die Schärfe des Uhu-Blicks und des Gesetzes. Das Gesetz: hier wohl als staatliche Ordnungsaufsicht verstanden, die ihr Auge nicht überall haben kann.

Geschäftsleute mit scharfem Verstand beobachten die Vorgänge in der Weltwirtschaft – wie die Eule das verborgene Leben in der Nacht.

Gewitzte Leute fahren rechtzeitig ihre Antenne aus. Witzzeichnung von „Cork" in der Süddeutschen Zeitung.

Die Eule schwebt über der Wissensvermittlung: „In allen Fragen sind unsere Mitarbeiter sachkundige Ansprechpartner mit guten Tips und Ratschlägen, die wissen, wohin der Trend geht, um noch profitabler zu arbeiten."
Die Computerfirma BINFOS arbeitet vor allem für Verlage und Buchhandlungen.

Kodak-Werbung mit
beeindruckendem Uhu-Bild.

„Warum die Eule zum SBG-Sparkässeli wurde“, fragt ein Schweizer Geldinstitut. „Applaus, applaus für Esmeralda Nachtauge und Sohn Sebastian. Wenn alle schlafen, sind sie die einzigen, die auf Deine Sparbatzen gut aufpassen. Die großen gelben Augen sehen selbst in der Nacht. Und den Kopf können Eulen fast im Kreise drehen. So sehen sie einfach alles.“

Kodak wirbt für die Schärfe seiner Filme mit einem beeindruckenden Uhu-Bildnis: „Kodak Filme sehen das Nachtleben besser als der Mensch“, heißt es auf dem Werbeblatt, so gut also wie das scharfe Eulenauge.
Der Uhu läßt sein Auge auch über kostbare Juwelen schweifen: Ein vornehmes Geschäft in der Innenstadt Münchens zieht den Blick der Passanten auf sich mit sechs die kleinen Schmuckstücke überragenden Uhus aus Silber (in der Auslage und in den Innenvitrinen des Ladens). Der Dekorateur, der diese mexikanischen Prachtexemplare auch in anderen Städten als Dekorationsmotiv verwendet, will vermutlich die Idee übermitteln, daß jeder, der sein Geld in Schmuck anlegt, ein aufs beste Beratener sei.

Sammler und Bastler

In den Jahrzehnten nach dem Zweiten Weltkrieg ist der Nachtvogel zu einer bemerkenswerten Aktualität aufgestiegen: Eulen als Schmuck und als Kinderbuchstar, Eulen in textiler Gestalt, in Stein, Ton und Holz geformt, aus Tannenzapfen und Kieseln, als Wegweiser und Briefmarke. Folkloreläden zeigen ganze Schaufenster voll Eulenvögel jeden Materials, von Sammlern gierig erworben. Wie kommt es, daß sich der einst so ernstgenommene Vogel zur Nippes-Figur von heute gemausert hat?
Man dürfte mit der Annahme nicht fehlgehen, daß die Mehrzahl der Eulenhersteller und -sammler sich einer besonderen Bedeutung nicht oder doch kaum bewußt sind und sich dem Vogel mehr aus dekorativem Interesse zuwenden. Die Umrißlinien seines Körpers, das charakteristische Dreiecksgesicht, die übergroßen Augen – das sind leicht zu erkennende und zu gestaltende Merkmale, die dem Bastler Mut zum Anferti-

Gerda Hauck, München, stellt seit Jahrzehnten mit Kindern und Familien Eulen aus Naturprodukten her.

gen machen und schon der Kinderhand gelingen. So leitet Gerda Hauck seit Jahrzehnten Kinder und ihre Familien an, Naturprodukte wie Rinden, Pilze und andere geeignete Pflanzen zu sammeln und mit ihrer Hilfe in imposante Eulengestalten zu verwandeln. Sie will dadurch Naturbewußtsein und schöpferische Eigeninitiative fördern.

„Die kluge Eule" heißt ein Bastelbogen für Kinder ab 9 Jahren, 1986 vom Verlag Junge Welt Berlin herausgegeben. Mit einfachen geometrischen Elementen sollen Kinder aus Papier durch Schneiden, Falzen, Ritzen und Kleben vier Eulen erschaffen. Der Verlag gibt dazu folgende Impulse: „Zuerst war nur Papier,/ weiß, glatt und fest./ Jetzt sitzen Eulen hier/ und warten/ daß du sie leben läßt./ Laß sie berichten/ die Nachtwaldgeschichten./ Laß sie großäugig staunen,/ Geheimnisse raunen./ Laß sie sich verirren/ in Großstadtwirren./ Laß sie jagen und gleiten,/ sich helfen und streiten./ Du sagst, das kannst du nicht?/ Pustekuchen!/ Du mußt es nur/ wieder und wieder versuchen."

Links: Briefkarte von Gerda Hauck.

Rechts: „Die Kluge Eule",
Bastelbogen für Kinder, Berlin 1986

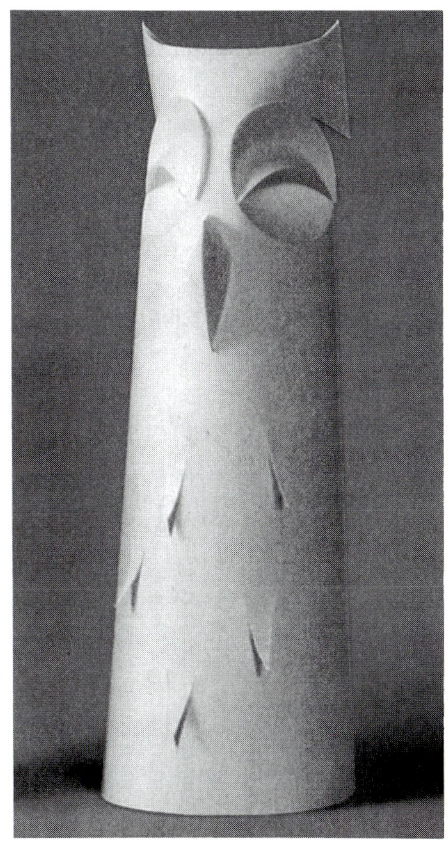

Geklöppelte Eule
von Helga Marschang, Worms

Für Kinder sind auch zahlreiche Eulen in jeglicher Materie – vom Stofftier bis zum Aufkleber – bestimmt. „Deco-Line-Sticker (Schmucketiketten) verschönern Briefe, Geschenke, Fingernägel und Textilien", sagt die Werbung. „Z-Design" ist mit Uhu-Aufkleber „im Trend".
Schülergemeinschaftsarbeiten befassen sich im „Zeichnen und Werken" mit Umwelt und Natur. Einen bunten Textilwandbehang hat die Samuel-Heinicke-Realschule für Schwerhörige, München-Pasing, geschaffen. Zum Thema „Pflanzen und Vögel" mußte jeder Schüler einen Teil fertigen (1978), und der Uhu fehlt selbstverständlich nicht.
Das Klöppeln ist – neben anderen Textilarbeiten – eine neu belebte Freizeitbeschäftigung. Als beliebtes „Figurales Klöppelmuster" hat sich das Eulenmotiv erwiesen, das sogar auf eine Spitzen-Tradition verweisen kann.

Scherenschnitteule
von Marianne Brüssing
Trotz der grazilen Ausgestaltung weisen Klöppeleule und Scherenschnitt die formalen Wesenszüge des Vogels auf.

Warum, so fragen wir uns immer wieder, werden Eulen heute gesammelt? Ästhetische oder finanzielle Kalkulationen spielen wohl selten eine Rolle. Man kann den Eulenboom aber nicht übersehen oder belächeln, so wie der Folklorismus unserer Zeit nicht als billiger Kitsch abgetan werden kann, weil er ein lebendiges Zeitphänomen ist.
Soll der kleine Mann auf diese Tour von der großen Weisheit etwas abbekommen? Will der „große“ Mann, der alles hat, sich mit etwas Hintergrund legitimieren? Versucht man, in die durchrationalisierte Welt einen Schimmer von Natur, von Unergründbarkeit und Dämonie zu zaubern? Schafft man sich eine Gegenwelt aus der Sehnsucht nach dem „ganz Anderen“?
Die Zeitschrift „Fernsehwoche“ stellte im Oktober 1991 eine Dame aus Itzehoe/Schleswig-Holstein vor: „Überall, in Setzkästen an den Wänden, in Vitrinen, an der Decke und auf dem Fußboden stehen, hängen und liegen die großäugigen Nachtvögel. Der 62jährigen Hausfrau gehört die größte Eulen-Sammlung der Welt mit über 4600 Exemplaren. Die kleinen Kunstwerke stammen aus Brasilien, Mexiko, Burma, Israel und 48 weiteren Ländern.“ Es gibt jedoch Eulensammler, die sich solchen Superlativen entziehen, weil sie bei 2000 Objekten zu zählen aufgehört haben. Begründet ist die Sammelleidenschaft in den seltensten Fällen.
Der Pariser Ausstellungskatalog „Ils collectionnent ...“ (Musée des Arts Décoratifs, 1974) läßt unter dem Titel „Mes chouettes“ (Meine Eulen) die vielseitige Sammeltätigkeit des Eulenliebhabers René Perrot zu Wort kommen; er schreibt: „Quand j’étais petit garçon, je vivais à la campagne, en un moment ou la chouette etait considerée malefique et presage de mort.“ (Als ich ein kleiner Junge war, lebte ich auf dem Lande, zu einer Zeit, da die Eule als Vogel des Bösen und als Vorzeichen des Todes angesehen wurde.) Eines Tages entdeckte der Knabe eine Eule, die eben erst über ein Scheunentor genagelt worden war. Er löste sie von den Nägeln und nahm sie in seine Hände. Sie zeigte weder eine Geste der Verteidigung noch des Angriffs, nur Erstaunen oder tierischen Schmerz. Kein Bein war gebrochen. Sie hat sich hingesetzt und ihn mit ihren großen goldenen Augen angesehen, lange Zeit. „Dann ist sie davongeflogen – ihrem Schicksal entgegen.“ Das tiefempfundene Jugenderlebnis begründete eine lebenslange Liebe zu dem Vogel – und zu seinen vielfältigen Ab- und Nachbildungen. Dieser Fall legt dar, daß hinter der Sammelleidenschaft sich auch eine Haltung vcrbergen kann: das Wissen um die Gefährdung des Tieres, um seine Schutzbedürftigkeit, die Liebe zur bedrohten Natur.
Der Liebhaberei des Sammlers kommt das Kunstgewerbe entgegen, indem es mitunter auch sehr qualitätvolle Objekte anbietet. Eine englische Porzellanmanufaktur produziert wappengeschmückte Eulen verschiedener Größen. Eine mit dem bunten Wappen von Hereford 1648 trägt den alten volkstümlichen Spruch:

Matchbox

Wer gesund lebt,
lebt klug.

An aged owl sat in an oak,
The more he saw, the less he spoke.
The less he spoke, the more he heard:
Would there were more like that old bird!

In manchen Versionen ist dieser Spruch verändert, so daß die letzte Verszeile lautet: „Why can't we all be like that bird?“ (aus „The Best Loved Poems of the American“)

Mysteriöser ist der Spruch, der sich auf den keramischen Eulen-Leuchtern von Arthur B. Barlow, der 1872 bis 1879 bei Doulton Lambers gearbeitet hat, findet: „Once we were fishes – We shall be birds.“

Soll die Hoffnung des Menschen auf eine Höherentwicklung angedeutet werden?

Porzellan-Eulen,
England, 20. Jh.

Eulen-Leuchter, Arthur B. Barlow,
Manufaktur Doulton Lambers,
1872 – 79

Der Spielraum moderner Kunstgewerbeproduktion umfaßt edelste Goldschmiede- und Porzellanwerke ebenso wie den Ramsch mancher Kleinkunstläden. Hier geht es nicht um Qualitätsurteile, sondern um die Betrachtung des Phänomens Eulen-Angebot und -Nachfrage. Dabei muß nicht viel Hintergründiges erforscht werden; weder Naturtreue ist erstrebt, noch originelle Deutung. Die Eule ist ein angeblich allseits verstandenes Zeichen der Zeit geworden, von Hunderten (Tausenden?) von Sammelwütigen liebevoll zusammengetragen, bewahrt, gezeigt.
Es wäre ein Wunder, wenn Industrie und Handel diesem Eifer nicht entgegenkämen. „Die Eule in der Kunst“ bietet Franklin Mint, gemalt auf Tellern und in Form von Plastiken an. Der „Eulen-Sammler-Schatz“ aus exquisiten Materialien stellt sich folgendermaßen vor: „Jede Eule reprä-

Groß sind die Angebote an Eulen jeder Materie und Stilrichtung im Kunstgewerbe. Sie füllen ganze Sammlervitrinen.

sentiert eine unterschiedliche Stilrichtung in der Kunstgeschichte und sie alle vertreten eine andere Kultur – vom alten China bis zum modernen Amerika."
Eine Fachzeitung für Papeterie kündigt 1988 eine neue Schul- und Geschenkartikelserie der Firma VELOFLEX an, die als neues Tiermotiv die Eule entdeckt habe: „Die Eule klug und weise ist dieses Jahr mit auf der Reise. Wir stellen Ihnen die neue Serie vor und bitten um ein offenes Ohr. So kündigen die Fachberater der Firma in diesen Tagen ihren Besuch beim Fachhandel an ... Insgesamt gibt es drei Motive: eine sich verträumt an einen Baum lehnende Eule, ein turtelndes Eulenpaar und eine einen Liebesbrief überbringende Eule. Die heute hoch im Trend liegenden Modefarben der PBS-Branche standen Pate bei der Auswahl der

Brigitte van Loh-Wenzel, Eule, Aquarell auf Seide

Produktfarben: ein Pink, ein kräftiges Grün und Gelb sowie ein kräftiges Rosa und Hellblau sind in diesem Jahr die fünf Modefarben ... Für den häuslichen Bereich und als Geschenk bietet das Unternehmen in dieser Serie Maxi-Blocks, Schreibunterlagen sowie Poesie- und Fotoalben an. Das Programm wird durch Luftballons, Plüsch-Eulen und ein Keramikeulen-Set, bestehend aus fünf Eulen, abgerundet ...“

Postkartenserien präsentieren den Vogel in phantasievoller Buntheit; Gebrauchsgegenstände – vom Bierkrug bis zum Topflappen – bedienen sich seiner eindrucksvollen Physiognomie.

Ob der englische Prinz Andrew kluge Fahrweise und Wachsamkeit im Verkehr signalisieren wollte, als er seiner Braut seinerzeit eine Eule als Kühlerfigur für ihren BMW schenkte? Vielleicht sollte man der Symbolhaftigkeit von Geschenken nicht zu viel vertrauen: der Bruder des Prinzen, der englische Thronfolger Charles, hatte seiner Diana einen Frosch als Kühlerfigur zugedacht.

Schlaraffenvogel

Eine geistige Haltung steht auch hinter dem Sammeleifer vieler „Schlaraffen“, die den Uhu auf ihre Vereinsfahne gesetzt haben. Mit dem Versuch, das Werden und Bestehen dieses Männerbundes darzustellen und seinen Symbolvogel fliegen zu lassen, soll dieser Ausflug in die Welt der Eulen beschlossen werden.

1859 wurde der Verein vom Direktor des Deutschen Landestheaters in Prag gegründet. Es waren vor allem Künstler und Intellektuelle, die sich zusammenfanden, um Kunst und Humor unter dem Banner der Freundschaft zu pflegen. Die Sehnsucht nach Romantik und Eigenleben im Getriebe einer immer rationalistischer und materialistischer werdenden Massengesellschaft belebte das Triebwerk der Vereinigung, ihr Brauchtum, ihre Sprachgebung. Der Prager Schöpfer einer „Verfassung“ griff sowohl auf die griechische Mythologie um Pallas Athene zurück, als auch auf allgemeine Menschheitsideale; Pate gestanden haben zudem die zahlreichen Männer- (Ritter-)Bünde, die seit Mitte des 18. Jahrhunderts florierten und im Geist der Romantik mehr und mehr Anhänger fanden. So war auch Goethe während seiner Wetzlarer Zeit Mitglied der „Wetzlarer Rittertafel“ und einige Jahre später (ab 1788) Mitglied des Bundes „Arcadia“, in dem er den altgriechischen Schäfernamen „Megalio“ führte.

Auch in der „Schlaraffia“ – der Name wurde mehr oder weniger zufällig von einem Wiener Club übernommen – dominierte zunächst das griechische Ideal. Die Schöpferin der Polis, Pallas Athene, und der sie begleitende Wächter-Vogel (Kauz) fanden Verehrung. Die Chronik des Bundes berichtet: „Zur Zeit der Gründung Schlaraffias verkehrte die Gesellschaft in Freunds Gasthaus ... in Prag. Freund war früher ein Angestellter des Fürsten von Öttingen und brachte, als er aus dessen Diensten ausgeschieden war und sich in Prag eine Gaststätte errichtete, einige ausrangierte Jagdtrophäen aus dem Schlosse nach Prag, womit er die Gaststube schmückte. Darunter befand sich ein ausgestopfter Uhu, der freischwebend an der Decke aufgehängt war. Gerade unterhalb dieses Vogels fand am 10. Oktober 1859 die Gründung der Schlaraffia statt. Der Uhu wurde sofort ... als Vogel der Weisheit, als Attribut sämtlicher weiser Narren und als ein lustiger Vogel der Nacht ... in frohester Laune zum heraldischen Wappentier, Symbol der schlaraffischen Erleuchtung und Weisheit erkoren und spielte von da ab die Rolle eines Beschützers Schlaraffias.“

Der Prager Bund wurde erweitert zur „Allschlaraffia“, der sich zahlreiche deutsche „Reyche“ einfügten, und so schwebte bereits in der zweiten Hälfte des 19. Jahrhunderts der Uhu über zahlreichen Mitgliedslokalen zwischen Prag und Amsterdam, Graz und Berlin. Heute zählt man etwa 300 Reyche in aller Welt mit ungefähr 10000 Mitgliedern.

Der Uhu ist Symbolvogel des Männerbundes „Schlaraffia“, 1859 in Prag gegründet. Kunst, Freundschaft, Humor sind die Leitgedanken.

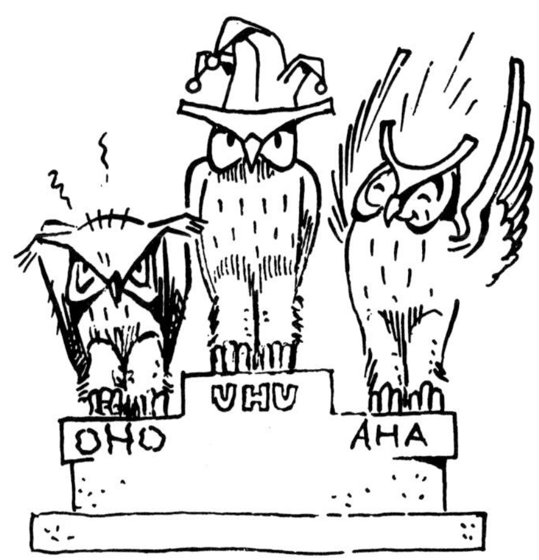

Mehrere Schlaraffen-„Reyche“, wie hier die von Rosenheim und Kufstein, zeigen in ihrem Wappen den Uhu als Beschützer ihrer „Burg“.

Im § 3 der „Spiegels“ (Satzung) wird in der dem Verein eigenen Sprache die Stellung des Vogels festgeschrieben: „Uhu, als symbolisch-humorvoller Inbegriff aller schlaraffischen Tugend und Weisheit, als der Urgrund allen Schlaraffentums, findet in seiner sichtbaren Verkörperung die allerhöchste Verehrung im Reyche und flößt geheimnisvoll, von dem ihm errichteten Thron aus dem fungierenden Oberschlaraffen die Erleuchtung und sämtlichen Sassen Gehorsam gegen seine Verfügungen ein.“ „Uhutag“ heißt die Zusammenkunft, „Uhuversum“ bedeutet das schlaraffische Weltall, „uhufinstere Zeiten“ waren angebrochen, als die Schlaraffia während des Dritten Reiches verboten wurde. Tausendfach haben Schlaraffen Gemälde und Grafiken, Vereinsmarken und Gästebücher, Wappen und Orden mit dem Vogel-Emblem geschmückt und zum Mittelpunkt von Sammlungen gemacht.
Gelegentlich werden Darstellungen des Schlaraffenvogels mit solchen des Till Eulenspiegel verwechselt oder umgedeutet, da beide als Attribut (hin und wieder) die Narrenkappe (schlaraffisch „Helm“) tragen und eine Eule als Symbol führen. Natürlich ist die Figur des sagenhaften Till sehr viel älter als der Verein. Wenn auch kein nachweislicher Zusammenhang zwischen beiden besteht, so gibt es bei näherem Hinsehen doch erstaunliche Parallelen: Witz und Humor, das mutwillige Spiel mit Worten, das spielerische Sich-Absetzen von der bösen Alltagswirklichkeit (schlaraffisch Profaney) – dies erscheint beiden als eine erstrebenswerte Weisheit.

Literatur

Aitinger, Johann Conrad: Kurtzer und einfältiger Bericht vom Vogelstellen, Cassel 1653 (Reprint Hamburg und Berlin 1972)

Appuhn-Radtke, Sibylle und Kayser, Eva: Keramik, in: Die Renaissance im deutschen Südwesten, Ausstellungskatalog des Badischen Landesmuseums Karlsruhe 1986

Armstrong, Edward A.: The Folklore of birds, London 1958

Arnim, Gabriele v. (Hrsg. Shawn C. Jarvis): Märchenbriefe an Achim, Frankfurt 1991

Atlas der Brutvögel Bayerns, 1979 – 1983, Tafel 75 – 82, Hrsg. Ornithologische Ges. in Bay., Bayer. Landesamt f. Umweltschutz

Bächthold-Stäubli, Hanns u.a. (Hrsg.): Handwörterbuch des deutschen Aberglaubens, Bd. 2, 1073 – 1075, Berlin-New York 1987 (= HdA)

Bartsch, K.: Sagen, Märchen und Gebräuche aus Mecklenburg, Wien 1880

Bauer, Wolfgang u.a. (Hrsg.): Lexikon der Symbole, Wiesbaden 1980

Benker, Gertrud: Klanggeräte aus Ton, München 1989 (Bayer. Nationalmuseum, Bildführer 17)

dies.: Die Eule als Sinnbild, in: Volkskunst, Heft 4, München 1989

dies.: Klugheit und Laster, in: Kunst und Antiquitäten, Heft 7/8, München 1992

dies.: While Man and Nature Sleep, in: The World & I (The Washington Times Corp.), Jan. 1993

Berg, Bengt: Augen in der Nacht, Berlin 1952

Bergerhausen, Wilhelm u. Radler, Karl: Bilanz der Wiedereinbürgerung der Uhus (Bubo bubo L.) in der Bundesrepublik Deutschland, in: Natur und Landschaft 64, Köln 1989

Besserer, Ludwig: Unsere Raubvögel, München 1926

Bethe, E.: Antike Vogelbilder, in: Die Antike 15, 1939

Bezzel, Einhard: Verstummen die Vögel? Unsere bedrohte Vogelwelt, München 1973

ders. u. Schöpf, H.: Anmerkungen zur Bestandsentwicklung des Uhu (Bubo bubo) in Bayern, in: J. Orn. 117, 1986

Blankenburg, Wera v.: Heilige und dämonische Tiere. Die Symbolsprache der deutschen Ornamentik im frühen Mittelalter, Leipzig 1943

Blümel, Fritz: Deutsche Schornsteine und europäische Kamine im Wandel der Zeiten, München 1967

Brednich, Rolf W.: Der Vogelherd. Flugblätter als Quellen zur Ikonographie der Jagd, in: Rhein.-westf. Zs. f. Vkde., Bd. XXIV, Bonn und Münster 1978

Brüll, H.: Das Leben deutscher Greifvögel, ihre Bedeutung in der Landschaft, Stuttgart 1964

ders.: Die Beizjagd, Hamburg 1962

Brunkhorst-Hasenclever, Annegrit: Till Eulenspiegel. Texte zur Rezeptionsgeschichte, Frankfurt a. M.-Berlin-München 1979

Brüssing, Marianne: Scherenschnitte phantasievoll gestalten, Freiburg 1991

Buffon (Herrn von Buffons): Naturgeschichte der Vögel, 3. Bd., Brünn 1787

Burkett, Molly: Ein Haus voller Eulen, Hamburg 1983 (London 1979), Zeichnungen von Werner Blaebst

Burton, Jane u. Taylor, Kim: Nacht voller Leben, Stuttgart 1986

Burton, John A.: Eulen der Welt, Melsungen 1986 (2. Aufl.)

Burton, Robert: Das Leben der Vögel, Stuttgart 1985

Carl, Viktor: Pfälzer Legenden, Ottenbach-Kaiserslautern 1981

Colerius, M. Johannes: Oeconomia oder Haußbuch, Wittenberg 1604

Coppin, Giorgio (Hrsg.): Die Eulen. Text von Elena Cenzato u. Fabio Santopietro, Übers. aus d. Ital. von Tina Dorschner, Grünwald 1990

Creutz, Gerhard: Taschenbuch der heimischen Raub- und Rabenvögel, Leipzig (Jena 1960, 4. Aufl.)

Debidour, V.-H.: Le Bestiaire sculpté du moyen age en France, o. O. (Mulhouse) 1961

Delamain, Jaques: Oiseaux de la nuit, Chouettes et Hiboux, in: Minotaure 1935

Döbel, Heinrich Wilhelm: Jäger-Practica, Leipzig 1783

Eck, Siegfried u. Busse, Horst: Eulen, Wittenberg 1977 (Die Neue Brehm-Bücherei)

ENDRES, WERNER: Zu einigen vogelgestaltigen Keramikformen des 16. Jahrhunderts, in: Verh. d. Hist. Vereins f. Opf. u. Regensburg, 121. Bd., Regensburg 1981
EBERHARD, WOLFRAM: Lexikon chinesischer Symbole, Köln 1983
Enzyklopädie des Märchens s. RANKE, KURT
EULEN-RUNDBLICK, Schriftenreihe der AG zum Schutz bedrohter Eulen, Heimbach 1994
EULENSPIEGEL-JAHRBUCH, hrsg. vom Freundeskreis Till Eulenspiegel, Kiel 1973 – 1978
FALKE, OTTO v.: Fayence-Eulen des Schlesischen Museums für Kunst, Gewerbe, Altertümer, IX. Bd., Breslau 1928
FORSTER, DOROTHEA: Die Welt der Symbole, Innsbruck-Wien-München 1961
FALKENBUCH Kaiser Friedrichs II. s. WILLEMSEN, CARL ARNOLD
FÄRBER, OTTO: Nachtgespenster. Fotojagd auf Eulen, Hannover 1974
FREEDEN, MAX H. v.: Das Ochsenfurter Kauzenbuch, in: Mainfränkische Hefte 47, Würzburg 1967
FRIDERICH, C. G.: Vollständige Naturgeschichte der deutschen Zimmer-, Haus- und Jagdvögel, Stuttgart 1876
FRITZ, R.: Die Gefäße aus Kokosnuß in Mitteleuropa 1250 – 1800, Mainz 1883
GATTIKER, ERNST u. LUISE: Die Vögel im Volksglauben, Wiesbaden 1989
GESSNER, KONRAD (GESNER, CONRAD): De Avium Natura, Zürich 1555 (Vollkommenes Vogel-Buch, Frankfurt a. M. 1669, unveränderter Nachdruck: Hannover 1981)
GROHMANN, J. V.: Sagenbuch von Böhmen und Mähren, Prag 1863
GRZIMEKS TIERLEBEN, 8. Bd., Vögel 2, München 1980
HÄSSLER, HERBERT: ‚The Owl and the Nightingale‘ in den literarischen Bestrebungen des 12. und 13. Jahrhunderts, Frankfurt 1942
HAUCK, GERDA: Eulen. Kleine Kunstwerke aus natürlichen Materialien, Freiburg i. Br. 1990
HEINZ-MOHR, GERD: Lexikon der Symbole, München 1988 (10. Aufl.)
HENKEL, ARTHUR/
SCHÖNE, ALBRECHT: Emblemata, Tiere der Luft, Stuttgart 1967
HENZE, OTTO: Vogelschutz gegen Inscktenschaden in der Forstwirtschaft, München 1943
HERRLINGER, E.: Die Wiedereinbürgerung des Uhu Bubo bubo in der Bundesrepublik Deutschland, in: Bonner zool. Monogr. 4, 1973
DERS.: 253 Uhus ausgesetzt, in: Deutsche Jägerzeitung 92, 1974
HILDEGARD VON BINGEN: Naturkunde (aus d. Lat. übers. von Peter Riethe), Salzburg 1959
HOFFMANN, BERNHARD: Vom Ursprung und Sinn der deutschen Vogelnamen, Bernburg 1937
HOPF, ANDREAS u. ANGELA (Hrsg.): Alte Exlibris, Dortmund 1979 (3. Aufl.)
HOPF, LUDWIG: Tierorakel und Orakeltiere in alter und neuer Zeit, Stuttgart 1888
HUME, KATHRYN: The owl and the nightingale, the poems and its critics, Toronto-Buffalo 1975
HÜTTENVOGEL (V. PFANNENBERG): Die Hüttenjagd mit dem Uhu, Neudamm 1901 (2. Aufl.)
JAHN, OTTO: Beschreibung der Vasensammlung König Ludwigs in der Pinakothek zu München, München 1854
JAHN, ULRICH: Volkssagen aus Pommern und Rügen, Stettin 1886
DERS.: Volksmärchen aus Pommern und Rügen, Norden und Leipzig 1891
JOHN, E.: Aberglaube, Sitte und Brauch im sächsischen Erzgebirge, Annaberg 1909
KELLER, OTTO: Die antike Tierwelt: Vögel. 2. Bd., Leipzig 1913 (Nachdruck: Hildesheim 1963)
KILBACKEN, JOHN: Vögel beobachten und bestimmen (deutscher Text von W. Rhiel), London und Zürich 1982 (München 1983)
KLEINSCHMIDT, OTTO (Hrsg.): Raubvögel und Eulen der Heimat, Wittenberg 1958 (3. Aufl.)
KLINGENDER, FRANCIS: Animals in Art and Thought to the End of the Middle Ages, London 1971
KLUGMANN, NORBERT: Und wo Leben ist, bin ich dabei (Till Eulenspiegel), München 1971 (2. Aufl.)
KNORTZ, KARL: Die Vögel in Geschichte, Sage, Brauch und Literatur, München 1913
KOCHER, HUGO: Buhuo, der Fliegende Wolf, Würzburg 1953
KOS, ROLF: Von Greifvögeln und Eulen, Hannover o. J. (1958)
KRISS-RETTENBECK, LENZ: Bilder und Zeichen religiösen Volksglaubens, München 1971 (2. Aufl.)
DERS.: Amulett und Talisman, München 1966
KUHL, ERNST: Eulen, in: Westfalen, 45. Bd., Heft 1 – 4, Münster 1967
LA FONTAINE, JEAN DE: Sämtliche Fabeln, Illustr. von Grandville, München 1989 (2. Aufl.)
LEMKE, KARL: Hüttenjagd, Melsungen 1983
LENNEMANN, WILHELM: Der ewige Till. Seine Wirrungen und Wanderungen und selige Heimkehr, Bamberg 1955
LEYEN, FRIEDRICH VON DER: Das deutsche Märchen und die Brüder Grimm, Düsseldorf-Köln 1964

LINDNER, KURT: Beiträge zu Vogelfang und Falknerei im Altertum, Berlin-New York 1973
DERS.: Die Jagd im frühen Mittelalter, Berlin 1940
LOH-WENZEL, BRIGITTE VAN: Aquarelle auf Seide, Freiburg 1993
LUSSKY, GEO. F.: Was bedeutet der Name Eulenspiegel? In: Zs. f. dt. Phil. 63, 1938
MARTIN, WOLFRAM und SONNEBORN, DORIS: Hilfen für die Schleiereule, in: Orden deutscher Falkoniere (Jahresschrift), Bad Berleburg 1977
MÄRZ, R.: Der Uhu, Neue Brehmbücherei, Wittenberg 1958
MEBS, THEODOR: Greifvögel Europas, Stuttgart 1964
DERS.: Eulen und Käuze, Stuttgart 1980 (5. Aufl.)
MEINZ, MANFRED: Jagd in der Kunst: Darstellungen auf Silbergerät, Hamburg und Berlin 1965
DERS.: Schönes Silber, München 1964
MURR, FRANZ: Gedanken über künstlerische und wissenschaftliche Tierdarstellung, in: Journ. Orn. 86, 1938
NATURSCHUTZ-REPORT, Zeitschr. d. Kreisgruppen München Stadt/Land u. Starnberg (Landesbund f. Vogelschutz in Bayern), München 1990/93
NEMEC, HELMUT: Tier und Jagd in der Volkskunst, Wien und München 1974
NIETHAMMER, G.: Handbuch der deutschen Vogelkunde, Bd. 2, Leipzig 1938
NISSEN, CLAUS: Die illustrierten Vogelbücher. Ihre Geschichte und Bibliographie, Stuttgart 1953
NORDMARK, HANS VON DER: Stimmen der Nacht, Kiel o. J. (Naturkundl. Taschenbücher)
D'OLEIRE-OLTMANNS, WERNER: Schutz und Gefährdung von Greifen und Eulen in den Alpen, in: Jb. d. Vereins z. Schutz d. Bergwelt, München 1981
OLINA, GIOVANNI PIETRO: Uccelliera (Vogelfang), Rom 1622
PAULY, Der Kleine Pauly, Stuttgart 1967, Sp. 421 – 423
PETERSON, ROGER u. a.: Die Vögel Europas (übers. u. bearb. von G. Niethammer), Hamburg u. Berlin 1973 (10. Aufl.)
PHYSIOLOGUS, (Der Ph.): Tiere und ihre Symbolik, übertragen und erläutert von Otto Seel, Zürich u. München 1960
(5. Aufl. 1987)
POLLARD, JOHN: Birds in Greek and Roman Life and Myths, London 1977
PRÖHLE, H.: Harzsagen (hrsg. v. W.-E. Peuckert), Göttingen 1957
RANKE, KURT u. a. (Hrsg.): Enzyklopädie des Märchens, Bd. 4, Berlin-New York 1984
REALLEXIKON ZUR DEUTSCHEN KUNSTGESCHICHTE, Bd. VI, Sp. 267 ff., Stuttgart 1973 (= RDK)
REDSLOB, EDWIN: Studien zur Geschichte der deutschen Renaissance-Fayencen, in: Anzeiger d. Germ.Nat.Mus. Nürnberg (= AGN) 1912
DERS.: Die Eulenpokale in der deutschen Renaissance, in: Jahrbuch d. Bremer Kunstsammlungen, Bremen 1912
RIDINGER, JOHANN ELIAS: Fabeln, Augsburg 1744
ROLLENHAGEN, GABRIEL: Nucleus Emblematum Selectissimorum, Arnheim 1611
ROTH-BOJADZHIEV, GERTRUD: Studie zur Bedeutung der Vögel in der mittelalterlichen Tafelmalerei, Köln 1985
SEEL, OTTO s. PHYSIOLOGUS
SIEBER, F.: Sächsische Sagen, Jena 1926
SIEVEKING, HINRICH: Der Meister des Wolfgang-Missale von Rein, München 1986
SCHADE, HERBERT: Dämonen und Monstren, Gestaltungen des Bösen in der Kunst des frühen Mittelalters, Regensburg 1962
SCHAUENBURG, KONRAD: Jagddarstellungen in der griechischen Vasenmalerei, Hamburg u. Berlin 1969
SCHENCK, EVA-MARIA: Hexenvogel – Hexerei, in: Roggi 10, 1970
SCHERZINGER, WOLFGANG: Erlebnis Nationalpark, Natur-Geschichten zum Lesen und Vorlesen aus dem Bayerischen Wald, Vorwort von B. Grzimek, Grafenau 1990
DERS.: Der Uhu Bubo bubo L. im Inneren Bayerischen Wald, in: Anzeiger d. Ornithol. Gesellschaft in Bayern, 1987, Bd. 26, Nr. 1/2
DERS.: Kontrastzeichnungen im Kopfgefieder der Eulen (Strigidae) – als visuelle Kommunikationsmittel, in: Ann. Naturhist. Museum Wien, Wien 1986/Nov.
DERS.: Auf leisen Schwingen. Für junge Natur- und Tierfreunde, Stuttgart/Leipzig 1985
SCHERZINGER, W. und BIBELRIETHER, H.: Gehege im Nationalpark Bayerischer Wald, Grafenau 1980
SCHLARAFFIA: Chronik des Verbandes Allschlaraffia zur Hundertjahrfeier in Norimberga, Landshut 1959, Bd. I u. II (= Chronik 59 u. 74)
Schlaraffen-Spiegel und Ceremoniale u. U. 115, Bern 1974
SCHMAGER, PETER: Die Vogelfauna von Neuburg an der Donau und seiner Umgebung, in: Neuburger Kollektaneenblatt 135, 1982/83
SCHMIDT, HANS WALTER: Die Hüttenjagd, Berlin 1913
SCHMIDT, HEINRICH u. MARGARETHE: Die vergessene Bildersprache Christlicher Kunst, München o. J. (1982)
SCHMIDT-EBENHAUSEN, F. H.: Die Eule im Volksglauben, in: Schwäb. Heimat 1950
SCHMIDTKE, D.: Geistliche Tierinterpretation in der deutschsprachigen Literatur des Mittelalters, (Diss.) Berlin 1968

Schmitt, Otto s. Reallexikon zur deutschen Kunstgeschichte
Schönn, Siegfried: Auf leisen Schwingen. Für junge Natur- und Tierfreunde, Stuttgart 1985
Schönn, Siegfried, Scherzinger, Wolfgang u. a.: Der Steinkauz, Wittenberg 1991
Schottenloher, Karl: Die Eule im Buchdruck des 16. Jahrhunderts, in: Gutenberg-Fs., Mainz 1925
Schreyl, Karl Heinz: Willi Geiger Exlibris, Nürnberg 1979
Stemplinger, Eduard: Antiker Volksglauben, Stuttgart 1948
Stengel, Walter: Studien zur Geschichte der deutschen Renaissance-Fayencen, IV. Die Eulen. In: Mitt. aus d. German. Nat.Mus. 1911
Steinbach, Gunter: Die Welt der Eulen, Hamburg 1980
Till Eulenspiegel (bearb. von Gisela Geisler, illustr. von Gerhard Oberländer), München 1971
Trommes, Günther: Greifvögel. Lebensweise, Schutz und Pflege von Greifvögeln und Eulen, Stuttgart 1983 (3. Aufl.)
Uttenhöfer, O.: Neue Ergebnisse über die Ernährung der Greifvögel und Eulen (mit Ergänzungen von G. Bodenstein u. R. Kuhk), Stuttgart 1952
Vandenbroeck, Paul: Bubu Significans. Die Eule als Sinnbild der Schlechtigkeit und Torheit, in: Koninklijk Museum voor Schone Kunsten, Antwerpen, Jaarboek 1985
Virmond, Wolfgang: Eulenspiegel und seine Interpreten, Berlin 1981
Vogt, H. H.: Hüttenjagd – das Todesurteil für den Uhu, in: Vogelkosmos 2, 1965
Weinstein, Krystyna: Eulen. Vögel der Nacht in Kunst und Natur (aus dem Englischen übersetzt von Jürgen Frey), Freiburg i. Br. 1988
Willemsen, Carl Arnold: Das Falkenbuch Kaiser Friedrichs des Zweiten (Faks.), mit Einführung u. erläut. Beschreibung, Graz 1973
Winter, Klaus u. Bischoff, Helmut: Die glücklichen Eulen, München 1962
Wirth, Karl-August: Eulengefäße, in: RDK, Sp. 322–340, München 1973
Ders.: Von silbernen und silbermontierten Eulengefäßen, AGN 1968
Wolf, Christa u. Gerhard: Till Eulenspiegel, Darmstadt 1973
Wunderlich, W. (Hrsg.): Eulenspiegel-Interpretationen, München 1979
Wüst, Walter: Avifauna Bavariae. Die Vogelwelt Bayerns im Wandel der Zeit, Bd. II, Eching 1986.
Zimnik, Reiner u. Axmann, Hanne: Die Geschichte vom Käuzchen, Zürich 1977

Fotonachweis

Heinz Benker S. 67, S. 76 u., S. 83; F. Clauss S. 8 u., S. 9; Florian Denk S. 29; Dieter Graff S. 130 l.; Ewald Hortig S. 10 (5), S. 31, S. 32, S. 34 (2); Michael Jeiter S. 107 l.; Lenz Kriss-Rettenbeck S. 83 o.; LBV-Archiv S. 7 o.; A. Limbrunner S. 8 o., S. 26 u., S. 39; Sigrid Metken S. 49, S. 123 u.; Werner Neumeister S. 64; Karl Stöcklein S. 2, S. 6 (3), S. 7 u., S. 28; VG Bild-Kunst, Bonn S. 102, S. 103, S. 104, S. 108, S. 109; Zeichnungen: Werner Endres S. 62 o.; Wolfgang Scherzinger S. 16; Umschlag: Bayerisches Nationalmuseum München

Eulen-Bücher im Eulen Verlag

Krystyna Weinstein
Eulen
Vögel der Nacht in Kunst und Natur

2. Aufl., 24,8 x 23,2 cm, 144 S. mit 32 Farb- und 100 Schwarz-Weiß-Abbildungen, geb. mit Schutzumschlag. ISBN 3-89102-106-2

„Die Londoner Politologin Krystyna Weinstein verfolgte die Spur der Eule in den Kulturen der Völker. Weltweit gibt es rund 140 Eulenarten. In der Nacht erwachen sie zum Leben; ihr geräuschloser Flug und ihr gespenstischer Ruf hat seit jeher die Phantasie der Menschen provoziert. Bringt sie Glück oder Unglück, verkündet sie Weisheit oder Narretei? Alles Erdenkbare wurde in sie hineingeheimnist. Im Mittelalter galt sie als Gefährtin von Hexen, ihr Schrei verkündete Unheil und Tod. Bei den Indianern wurde sie als Sinnbild der Tapferkeit verehrt, ihr Auftauchen bedeutete Jagdglück." Welt am Sonntag

„Die Zusammenstellung hat ihren sinnfälligen Reiz. Legenden, Fabeln und märchenhafte Geschichten, Schöpfungen aus Kunst und Kitsch locken den Leser in Bekanntes und Unbekanntes." LR-Literaturreport

Renate Otto
Eulen sind Eulen

17,2 x 12,4 cm, 64 S. mit Zeichnungen und Texten aus der Literatur, Pappband lam. ISBN 3-89102-116-X

„Sie sind die Weisen unter den Vögeln, sie gelten als Symbol für Belesenheit, und ihre großen Augen haben mehr gesehen, als sich mancher in seiner Schulweisheit träumen ließ… Die Zitate aus Sagen und Legenden, Märchen und Fabeln, in Vers und Prosa, werden Eulennarren entzücken." Berliner Morgenpost

„Die Zeichnungen von Renate Otto vervollständigen trefflich diese kleine Anthologie. Die Eule wird auf vielerlei Art dargestellt, mal mehr naturalistisch, dann wieder reduziert auf ihre Grundform…" Buchhändler heute

Gerda Hauck
Eulen
Kleine Kunstwerke aus natürlichen Materialien

21,6 x 19,8 cm, 48 S. mit 18 Farb- und zahlreichen Schwarz-Weiß-Bildern, Pappband lam. ISBN 3-89102-197-6

„Als Anregung ist dieses Bestellbuch geeignet für alle bastelfreudigen Familien… Aus natürlichen Materialien und alltäglich im Haushalt vorkommenden Utensilien entstehen Kleiderständer, Fensterbilder, Glückwunschkarten, Adventskalender usw… Dennoch ist es kein Bastelbuch im üblichen Sinne. Vor allem sind es die Eulenbasteleien mit natürlichen Materialien, die den Betrachter anregen, mit offenen Augen durch die Natur zu wandern. So entstehen Eulen aus Baumpilzen, Zapfen, Eicheln und Nüssen." pbs Report

Dem Nächtlichen auf der Spur

Simon Marsden
Im Reich der Geister
Eine Reise zu mysteriösen Orten auf den Britischen Inseln

Großformat, 128 Seiten mit 106 Fotografien in Duoton, geb. mit Schutzumschlag. ISBN 3-89102-254-9

„So, so, Geister lassen sie kalt. Dann schlagen Sie die erste Buchseite 'Im Reich der Geister' auf, und folgen Sie dem englischen Fotografen Simon Marsden auf seiner Reise zu mysteriösen Orten, wo Geister spuken, Schiffsbalken die Schreie der vor Jahrhunderten verunglückten Matrosen wiedergeben und wo alte Gemäuer Zeichen und Spuren unheimlicher Vorgänge aus der Vergangenheit tragen. Marsden fotografierte auf wunderbare, das Fürchten lehrende Weise Schlösser, Ruinen und sagenhafte Landschaften der Britischen Inseln. Eine absolute Trouvaille!" Schweizer Illustrierte

„Als Meister einer 'gespenstischen' Fotografie ist Marsden, 44, berühmt geworden. 'Im Reich der Geister' heißt nun auch ein skurriler Sammelband mit rund 100 seiner klassischen Aufnahmen, der Schlösser, Burgen, Ruinen und Schluchten, Seen und sagenhafte Landschaften im britischen Mutterland des Spuks ins Bild rückt." Der Spiegel

„Unterhaltsam indes sind die Geschichten und Legenden um Sitze und Besitzer dieser 'Gespensterschlösser', die in keinem Reiseführer so akribisch zusammengetragen sein dürften." Frankfurter Allgemeine

„Man betrachtet das Foto und glaubt jedes Wort." Berliner Zeitung

Simon Marsden
Bilder aus der Welt des Edgar Allan Poe

Großformat, 136 Seiten mit 23 Erzählungen und Gedichten von Edgar Allan Poe in der Übersetzung von Arno Schmidt und Hans Wollschläger. Mit einer Einführung und 45 Fotografien in Duoton von Simon Marsden, geb. mit Schutzumschlag. ISBN 3-89102-255-7

Der international renommierte Fotograf Simon Marsden hat für sein persönlichstes Buch seine Vision der Welt des Edgar Allan Poe herausgesucht und zusammengestellt. Es sind nicht nur die unheimlichen und beunruhigenden „dunklen" Erzählungen, sondern auch die romantischen und ein wenig schwermütigen Gedichte, die den Fotografen zu seinen Bildern angeregt haben.
Marsden erschließt einen neuen visuellen und zugleich visionären Zugang zum Werk Poes: die Welt des Edgar Allan Poe mit ihren menschlichen Ausnahmesituationen und ihrem Hang zum Unheimlichen und Phantastischen wird in den Fotos erspürbar, konkret, faßbar.

Eulen Verlag